真宗の本義

信楽峻麿

法藏館

真宗の本義＊目次

真宗の本義

第一章　阿弥陀仏と私

一　阿弥陀仏とは誰か

1　阿弥陀仏とは釈迦仏である

私たちが学んでいる浄土真宗の教えとは、私たち一人ひとりが、阿弥陀仏を信じ、その阿弥陀仏の教えに導かれつつ、まことの人生生活を創出していくという仏道を明かすものですが、その阿弥陀仏とは、いったいどういう方なのか。それはキリスト教の神や日本神道の神神のような、歴史を超えたところの、たんなる神話の世界で語られたものではありません。この阿弥陀仏とは、いまから二千五百年の昔に、インドに誕生され、その八十年の生涯をかけて、私たちに人間のまことの生き方を教示してくださった、釈迦仏の「さとり」その釈迦仏の「いのち」を、象徴表現したものにほかなりません。だから阿弥陀仏とは、神話の中の存在ではなく、確かなる歴史的な存在なのです。

そしてここでいう象徴表現とは、この現実の世界を超えたところの究極的な真実、したがってそれは、この世界の言葉と形相をもっては説明することのできないものですが、そういう説明できないものを、あえてこの世界の言葉と形相によって、仮りに類比的に、例示し説明することをいいます。だからそこでは、私たちの身近に存在するものをもって、あたかも何何のようにという表現で例示しつつ、その表現の彼方にあるものを知らせようといたします。そういうことを象徴表現といいます。

たとえば、いまここで阿弥陀仏というのは、その阿弥陀とは、インドの原語によると、アミターバ（Amitābha）、アミターユス（Amitāyus）ということで、そのアミタとは計量できないこと、無量を意味し、そのアーバとは光明を、アーユスとは寿命をあらわします。かくして阿弥陀仏とは、光明が無量であり、寿命が無量であるということを意味します。そしてここでいう光明とは「ひかり」のことで、それは暗黒の世界を明るく照らしてくれます。そしてまた、寿命とは「いのち」のことですが、私たちの「いのち」が、他者のさまざまな「いのち」をもらうことによってこそ、よく成りたつように、それはあらゆる生命を育て生かしてくれます。かくして、いまここで、阿弥陀仏が光明無量であり、寿命無量であるとは、その釈迦仏の「さとり」、その「いのち」というものが、世界のすべての人人にとって、それぞれの人生を明るく照らして導いてくださり、またその「さとり」、その「いのち」が、私たちのまことの人生をよく育ててくださっているということを、まさしく象徴表現したものにほかなりません。だから、阿弥陀仏とは、そういう、かつてインドに出生して、私たちに対して、真実、まことの人生の生き方を教示した、釈迦仏の「さとり」、その「いのち」が、現在においても、いまなお確かに私たちに届いて、私たちのまことの人生を、よく教導していてくださっていることを意味するものであり、阿弥陀仏とは、まさしく釈迦仏のことであるといいうるわけです。

2　阿弥陀仏はいつも私に来ている

そしてまた、親鸞さまによりますと、

この如来微塵世界《みじんせかい》にみちみちたまへり、すなわち一切群生海の心《しん》なり。

（『唯信鈔文意』真聖全二、六四八頁）

この如来は智慧のかたちなり、十方微塵刹土《みじんせつど》にみちたまへるなり。

（『尊号真像銘文』真聖全二、五八五頁）

などといって、この阿弥陀仏とは、宇宙世界のあらゆるところに透徹し、遍満していて、それは私たち人間の「心」にまで届いているといわれます。ことに親鸞さまは、この「心」に「シン」と仮名を施されておりますが、そのことからすると、その「心」とは、たんなる意識のことではなくて、私たちの「いのち」、その人格主体を意味するものであると思われます。すなわち、阿弥陀仏とは、私たち一人ひとりの生命の根拠、その人格主体の根源にまで、来り宿っていてくださるというのです。

経典によれば、阿弥陀仏とは、阿弥陀如来ともいわれます。この如来とは、原語ではタターガタ（tathāgata）といい、そのことは、タター、すなわち、真実そのものが、いまここにアーガタ、すなわち、到来したということをあらわします。だから、阿弥陀仏、阿弥陀如来とは、つねにこの現実の世界に向かって到来し、遍満しているわけです。

しかしながら、この私は、仏法を学ぶかぎり、地獄の「いのち」を宿して生きているといわざるをえません。その地獄の「いのち」とは、つねに自分にとってプラスになるものは、すべてを略奪する「むさぼり」（貪欲）の心をおこし、また自分にとってマイナスになるものは、すべてを排除する「いかり」（瞋恚）の心をおこします。すなわち、私とは、いつもいつも自己中心的に、我執に生きているということです。それが地獄の「いのち」の正体というものです。私が仏法を深く学び、日日称名念仏をもうしつつ生きていくならば、そういう私の実相が、いよいよ仏法の鏡をとおして知られてくるはずです。だが、そういう私自身はまた、すでに上にもうしたように、如来の「いのち」を宿して生きているわけでもあります。かくしてこの私は、その人格主体の根源において、仏の「いのち」と地獄の「いのち」とを、同時に、即一して宿しつつ生きているということです。私とは、まったく絶対矛盾的な存在であるといわざるをえません。人間という存在が、ひとり残らず、誰からも犯されてはならない尊厳性、人権をもっている存在であるといわれながら、また時には、眼を疑うほどの、残虐な罪業を犯す存在であることを見れば、そのことがよくよく思い知られてくるところです。

二　真宗における信心

1　信頼・信仰・信心

浄土真宗の教えとは、ひとえに阿弥陀仏を信じることを教えるものですが、真宗において語られるところの仏を信じるということは、世間の人間関係の中で語られる信用、信頼ということでもなく、また一般の宗教において語られる信仰ということとも相違します。そのような世間における信用、信頼ということ、宗教一般における信仰とは、何れも、信ずる主体と信じられる客体との、主客二元論的な対象的な信を意味しますが、仏教において教えられる仏を信じるとは、その阿弥陀仏が、すでに私の「いのち」の根源にまで来り宿っているということからすれば、それを信じるとは、たんに主客二元論的、対象的に捉えられるものではなく、ひとえに私の心の内奥に向かって、心を凝らし、それについて自覚し、体解していくほかはありません。

仏教において語られる信心とは、基本的には、その原語のチッタ プラサーダ（citta prasāda・心澄浄）が意味するように、それは私の心が澄浄となり、そこに喜悦が生まれてくるようになることをいいます。それはたんなる信じるものと信じられるものとの、主客二元論的な心ではなく、まったく主体的な私の心の状態をいうわけで、それはさらにいうならば、心が澄んで、いままで見えなかったことが、新しく見えてくるようになるということです。このチッタ プラサーダが、また三昧《さんまい》（サマーディ samādhi・定心）に重なるといわれる理由であり、親鸞さまが、真宗における真実信心を説明して、

信ずるこころのいでくるは、智慧のおこるとしるべし。

（『正像末和讃』左訓、『親鸞全集』〈法藏館〉第二巻 和讃篇、一四五頁）

と明かされるゆえんでもあります。その意味において、私はいまここでは、真宗における信心とは、新しく明知を育てて、「めざめ」体験をもつことであるともうしたいと思います。しかもまた、上に見たように、私の「いのち」には仏を宿しながらも、またそれと即

一して、地獄の心を宿しているということからすると、その「めざめ」体験とは、もっぱら私の「いのち」の根源に、仏を発見していくことであるとともに、そこにはまた必然的に、地獄の心を発見していくことでもあって、その「めざめ」体験の内実とは、私の「いのち」の根源に、如来と地獄、真実と罪業を、まったく即一して自覚していくことにほかなりません。もともと「めざめ」るということは、悪夢がさめるとか、または夜が明けるということにかさなります。悪夢がさめるとは、恐ろしい夢を見たということと、それが夢であったと気づくということが、背中あわせに同時に存在するということをいいます。また、夜が明けるとは、暗い夜がおわって明るい朝がはじまるということで、そこでは暗い夜と明るい朝とが、背中あわせに同時に存在するということを意味します。それと同じように、真宗における信心とは、私の人格主体の根源において、阿弥陀仏が宿っていることに「めざめ」るとともに、それに即一して、私が宿すところの地獄の生命について「めざめ」るということでもあります。仏教における信心、親鸞さまが教えられる真宗信心とは、本質的には、そういう構造をもっているわけで、仏教における「さとり」ということが、いっさいの迷妄、「まよい」を遠く離脱しながらも、また同時に、その迷妄、「まよい」を、そのまま包摂して成立するということと同じであります。

2 信心を生きるということ

かくして、真宗における信心とは、私の人格主体の根源において、仏の「いのち」と地獄の「いのち」とを、同時に、絶対矛盾的に宿しているということに、深くめざめていくということですが、このように自己自身の人格主体の根源に、そういう絶対矛盾を宿して生きているということは、その矛盾、対立を契機として、そこには必然的に、新しく人格変容が成立してくることとなります。すなわち、いま私の内面において、仏の「いのち」と地獄の「いのち」を宿して生きているという自覚がいっそう徹底していくならば、その必然として、そういう両者の厳しい葛藤、対立が、自己の胸奥に生まれてくることとなり、その地獄の「いのち」をすこしでも排して、仏の「いのち」をすこしでも育てていこうということになるはずです。古い自己の殻を脱皮して、新しい人格主体に向かって成長しようとする意志が生まれてきます。真宗念仏を学びながら、そのような人格変容が成立しないのは、そういう私の人格主体の根源に宿すところの、仏の「いのち」と地獄の「いのち」についての、徹底した矛盾対立、葛藤が生まれてこないからです。すなわち、まことの「めざめ」体験、信心体験になっていないからです。信心がまことであるならば、そういう厳しい矛盾、対立が自覚され、そしてその念仏生活をとおして、次第に人格変容が成立してくるはずです。親鸞さまが、真宗念仏の働きをめぐって、その「行文類」に、「厳父の訓導するが如し」、「悲母の長生するが如し」（真聖全二、四二頁）といって、念仏、信心に生きるならば、私の現実を厳しく告発、批判しつつ、しかもまた、それは深い慈愛をもって、理想の私に向かって、私を養育、成長せしめてくれると明かされるのは、まさしくそういうことを教示されたものでありましょう。

そして親鸞さまは、そういう真実信心を身にうるならば、それは「仏に成るべき身と成る」（『弥陀如来名号徳』真聖全二、七三五頁・その他）ことだと、しばしばいわれています。空海（七七四～八三五）は、この現身において成仏を主張し、道元（一二〇〇～一二五三）もまた、この身において仏の「さとり」を語りましたが、親鸞さまは、この肉体を保っているかぎり、成仏を語ることはできないが、真実信心の人は、すでに仏の「いのち」を生きているところ、仏には成れないとしても、やがては仏に成ることのできる身に成っているといって、信心の人を「仏に成るべき身と成った人」だといわれたわけです。その点、まことの信心に生きるものは、そのことをよくよく領解して、それらしい信心の生き方をしていきたいものです。

親鸞さまは、そういう信心の人の生き方については、この世俗を「そらごと」といとう「しるし」、浄土を「まこと」と願う「しるし」として、そういう信心の「しるし」を生きていけよと教えられます。ここで「しるし」というのは、漢字であらわせば、「徴」で、徴候、効験、証拠ということでしょう。私たち真宗念仏者は、それなりに自立し、明確な自己責任をもって、それにふさわしい行動原理を選んで生きていけよということです。今日の私たちを取りまく現代社会の諸状況は、まことに複雑多岐であり、現代をいかに生きるべきかについては、まことに困難な問題が山積しておりますが、私たち真宗者は、その中に佇んでいかに生きていくべきか、充分に熟慮すべきでありましょう。そして大乗仏教の根本原理、さらにはまた、親鸞さまの根本意趣を、よくよく学びながら、「世のなか安《あん》穏《のん》なれ、仏法ひろまれ」（『親鸞聖人御消息集』真聖全二、六九七頁）という教示を基軸としつつ、真宗信心にもとづいて、自立した自己の責任主体性をかけて、その道を選びつつ生きていきたいものであります。

三　どうしたら信心が成立するか

1　〈無量寿経〉の教え

ところで、上に見たような真宗における真実信心、チッタ　プラサーダ（心澄浄）とは、私においては、どうしたら成立するのでしょうか。〈無量寿経〉によりますと、その『無量寿経』の第十八願成就文には、

その名号を聞きて、信心歓喜せんこと、乃至一念せん。（真聖全一、二四頁）

と明かし、またその〈無量寿経〉の結び、流通分《るずうぶん》の文によりますと、そのもっとも原形の阿弥陀仏の本願が、二十四願しか説かれていない、〈初期無量寿経〉の『大阿弥陀経』では、

阿弥陀仏の声を聞き、慈心歓喜して一時に踊躍し、心意浄潔に、（真聖全一、一八二頁）

と明かし、また阿弥陀仏の本願を、四十八願にわたって説くところの、〈後期無量寿経〉の『無量寿経』によりますと、

彼の仏の名号を聞くことをえて、歓喜踊躍して乃至一念せんことあらん。（真聖全一、四六頁）

と説かれております。ここでいう「慈心歓喜」、「一時踊躍」、「心意浄潔」ということ、また「歓喜踊躍」、「乃至一念」とは、何れも上に見たところの、第十八願成就文の「その名号を聞きて信心歓喜せんこと乃至一念せん」という真実信心、チッタ　プラサーダ（心澄浄）の内実を表象するもので、信心そのものを意味します。かくして、それらの文によりますと、そういう真実信心とは、「阿弥陀仏の声」、ないしはその「名号」を「聞く」ということによってこそ、よく成立すると明かされます。

すなわち、その〈初期無量寿経〉の『大阿弥陀経』および『平等覚経』によりますと、私たちが阿弥陀仏に出遇い、それを信心体験するためには、心の眼を凝らして、その仏身を見る方法（見仏の道）と、心の耳を澄まして、その仏の告名、名のりの声、その名号を聞くという方法（聞名の道）の、二種の方法があるが、日ごろ悪業ばかりを犯して、善根を積むことが少ない凡愚、不善作悪者の私たちにとっては、ひとえに阿弥陀仏の声を聞く、その名号を聞くという、聞名の道こそが、もっともふさわしく、易しい道であると明かされております。かくして、〈後期無量寿経〉の『無量寿経』と『如来会』は、ともに四十八願文を説くわけですが、そこではその四十八願文の中の十三種の願文に、「聞名」の文字が見られて、その功徳、利益が詳細に説かれているところです（『無量寿経』の第十八願文を含む）。その点、この〈無量寿経〉においては、私たち凡夫の往生成仏の道としては、聞名の道こそが、もっとも肝要であることが、きわめて明確に教説されているところであります。

そこで、真宗信心とは、ひとえに阿弥陀仏の声、その名号を聞くことによってこそ、よく成立するといわれるわけですが、とすれば、そのような阿弥陀仏の声、その名号を聞くということは、いかにして成立してくるのでしょうか。

そのことについては、〈無量寿経〉そのものにおいては、明確には教説されておりません。そこでこの〈無量寿経〉の成立直後に、インドに出生した龍樹《りゅうじゅ》（Nāgārjuna 一五〇〜二五〇ごろ）が、その聞名の成立をめぐって、礼拝（身業）と称名（口業）と憶念（意業）の、身、口、意の三業を、日日の生活習慣行として修習していくことを提示し、その実践を勧励しました。すなわち、私たちが、その日日において、阿弥陀仏に向かって礼拝し、またその仏名を称唱し、そしてそれらのことが憶念として、充分に内実をともなうものであるようにというわけです。かくして、そういう三業をその日日において実践していくならば、やがて私の心の奥深くにおいて、阿弥陀仏の私に対する告名、名のりの声、その仏名を聞いていくことができるようになるというのです。

2　称名・聞名・信心の道

そこで親鸞さまは、そういう〈無量寿経〉の教説と、それをうけた龍樹の教示にもとづいて、私がその日日において、仏壇を中心にもっぱら称名念仏しつつ、その私から仏に向かう私の称名は、そのまま仏が私に向かって自分を名のり、私を呼び招いていてくださる、仏から私に向かう仏の称名であると、聞いていけよと教えられるわけです。そのことは、あたかも幼い子供が、母親に向かって「お母さん」と呼び、母親がそれに応えて「ハイ」と返事をしているようなものです。そのことは、子供が自分で考えて「お母さん」といったわけではなく、そのまえに、母親がわが子に向かって働きかけ、そのように呼ばせたからこそ、そう呼ぶようになったわけでしょう。いまもまた、それと同じことで、私が阿弥陀仏に向かって「南無阿弥陀仏」と呼んでいるのは、私が自分で考えてそう呼んだのではなく、まったく阿弥陀仏によって、いろいろと導かれ、育てられてこそ、はじめてそのように称名念仏するようになったのです。かくして、いま私が、私から仏に向かって称名念仏をするということは、実はそのまま、阿弥陀仏が私に向かって働きかけ、自分自身を「南無阿弥陀仏」と名のり、「南無阿弥陀仏」と呼びかけていてくださるからこそ、私はそれに育てられ、それに応えるということによって、いまここに称名念仏をもうすようになったのです。

その意味において、私がいまもうしている称名念仏とは、まさしく私から仏に向かって仏の名を呼んでいるわけですが、それがひとえに、阿弥陀仏の私に対する大きな働きかけによってこそ、成りたっているということを思うならば、その私の称名とは、阿弥陀仏の私に対する名のりの声、呼びかけの声として、心深く聞いていくべきものにほかなりません。すなわち、私の称名は、そのまま仏の声として、私にとっては聞かれるべきであって、その称名とは、すなわち、聞名となっていくべきであります。そしてまた、親鸞さまによると、そういう聞名が徹底するところにこそ、阿弥陀仏との出遇い、まことの信心体験、

「めざめ」体験が成立してくることとなると明かされます。親鸞さまが、その聞名をめぐる解説において、

聞といふは如来のちかひの御なを信ずとまふすなり。

（『尊号真像銘文』真聖全二、五六一頁）

聞はきくといふ、信心をあらわす御のりなり。

（『唯信鈔文意』真聖全二、六四四頁）

などと明かされるところであります。ここでいう「聞」とは、何れも聞名のことで、そのまことの聞名とは、そのまま信心を意味するというわけです。

かくして、真宗における仏道とは、ひとえに、称名、聞名、信心の道であって、私たちがその日日に、仏壇を大切にして、称名念仏を相続していくならば、やがてはその私の称名が、逆転して、仏の称名と味われてくるようになり、そこに私に対する、阿弥陀仏の大慈大悲の働きかけ、その名のりの声、招きの声を、心深く聞けるようになってきます。そういう称名に即するところの聞名の体験、その味解こそが、真実の信心といわれるものにほかなりません。だから、真宗における信心、「めざめ」体験とは、それ自身が単独で成立するものではありません。つねに私の礼拝、称名、憶念の三業の実践、ことには日日の称名念仏に即してこそ、よく成立してくるものなのです。

日本の島根県に生まれた浅原才市（一八五〇〜一九三二）同行は、そういう親鸞さまに

よって教説された真宗の仏道を、もっとも正確に継承したところの、数少ない念仏者の一人であって、彼が、

・如来さんはどこにおる。如来さんはここにおる。才市が心にみちみちて、南無阿弥陀仏をもうしておるよ。

・才市よい、へ。いま念仏を称えたは誰か。へ。才市であります。そうではあるまへ、親さまの直説であります。

・南無阿弥陀仏。南無阿弥陀仏。念仏は親の呼び声、子の返事。南無阿弥陀仏。南無阿弥陀仏。

・称えても、称えても、また称えても。弥陀の呼び声。南無阿弥陀仏。

と詠っているのは、そういう真宗の仏道が、称名、聞名、信心の道であることを、ものの見事に表白しているところであります。

（二〇一三年二月二四日、於オレンジカウンティ別院、日曜礼拝法話）

第二章　聞名の道

一　親鸞はなぜ山を下りたのか

1　親鸞の求道

親鸞さまは、いまからおよそ八百年の昔の方ですが、すでにいろいろとお聞きのように、九歳から二十九歳までの二十年間にわたって、京都の比叡山という山の上で、天台宗の僧侶として仏教を学問し、たいへん厳しいさまざまな修行をされました。しかし、二十九歳の春に、この山と別れて京都の町に下りて、新しい教えを説かれることとなりました。それが今日の私たちが学んでいる浄土真宗の教えです。

親鸞さまは二十年間、比叡山で学問し修行されましたが、具体的には、どのような仏道を修められたかについては、詳しいことはまったくわかっておりません。しかし、その奥さまの恵信尼《えしんに》という人が書き残した手紙によりますと、ただひとつだけ「常行堂の堂僧《じょうぎょうどうどうそう》」をつとめていたということが知られます。その常行堂というのは、「常行」とは、つねに歩くという意味です。「堂」というのは仏像を祀った建物のことで、いまも比叡山に昔の形と同じものが残っております。その大きさは、およそ十メートル四方のお堂です。その真ん中に阿弥陀仏の仏像が置かれて、周りに手すりがあり、九十日の間、昼も夜も休むことなく、念仏を称えながら、その仏像の周りをぐるぐる回るという修行をするためのお堂です。九十日間は絶対に横になって休むことは許されません。昼も夜もそのお堂の中を、念仏をしながら歩きつづけるわけです。そうすると、やがて仏を見る、見仏体験をうることができるといいます。それは中国ではじめられたもので、そういう修行を常行三昧《じょうぎょうさんまい》といいます。三昧とは、サマーディ（samādhi・定心）のことで、心の動きがすべて止まって、確かに仏を見るという、見仏体験ができる境地をいいます。親鸞さまは、その常行堂にかかわった仕事をしていたということで、親鸞さまも、そのような厳しい常行三昧の行をされたと考えられます。

そういう修行を、かつて近代の初めに試みた人が何人もおりますが、完成したものはいなかったそうです。しかし、今日では、何人か、その行をやりとげた人が比叡山におられます。その一人の話を聞くと、そのお堂の中をくるくると回っている間に、阿弥陀仏をほんとうに見ることができた。仏さまに出遇うという見仏体験を、何度ももったといわれておりました。

親鸞さまが、ちょうどそういう厳しい修行をされていた時代は、日本は大きな歴史的な転換期を迎えており、さまざまな混乱が続いた時期でした。親鸞さまが九歳から十歳の時には、大飢饉が発生して多くの人人が餓死し、また続いて、大きな地震が発生し、津波がおきたりしてたくさんの人人が死んでいきました。また、親鸞さまが二十歳の時には、政治的には、いままでの公家《くげ》中心の政治が崩壊し、新しく武士《ぶし》が権力をもって、武士が政治をつかさどるという、それまでとは変わった新しい武家《ぶけ》政治のスタイルが生まれてきました。かくして京都の町は大混乱。多くの民衆は、物質的にも精神的にも、いろいろと混迷し、多くの苦難を味わっておりました。そのことを、時おり山から下りた親鸞さまはご覧になって、このような多くの悩みをかかえて苦しんでいる人人のためにこそ、仏教を伝えて、その苦悩を救済しなければならない。それこそが仏教の本意であろうと考え、そしてそのためには、比叡山の修行とはちがった、もっと易しい、もっと簡単な、一般の民衆の誰でもが、容易に仏さまに出遇う道があるにちがいない。それは何だろうか、いかなる教えであろうかということを、新しく探し求めていかれたのです。

親鸞さまは、そのころには、比叡山の横川《よがわ》にある首楞厳院《しゅりょうごんいん》に住まわれていたようですが、そこには親鸞さまより二百年ぐらい前に、源信《げんしん》（九四二〜一〇一七）という人が、住んで、念仏の教えを多くの人人に伝えていました。その源信が著わしたものに『阿弥陀経略記』という書物があります。親鸞さまは若き日に、自分が住んでいる寺に残されていた、この書物をご覧になったと思われます。そこには、仏に出遇うためには、心を定め心を凝らして、仏を「見る」という「見仏の道」のほかに、そういう厳しい修行をしなくても、心がころころと動く、その日常生活の中で、仏の声を「聞く」、仏の私に対する呼び声を「聞く」という「聞名の道」においても、仏と出遇う方法、そういう仏道があるということが明かされておりました。親鸞さまは、そのことを、この源信の『阿弥陀経略記』をとおして知られたわけでしょう。

今日の生物学的な側面からいいますと、人間の知覚については、眼で見る視覚。耳で音を聞く聴覚。鼻で匂いをかぐ嗅覚。口で味わう味覚。手で触って知るという触覚。この五種の感覚器官で、私たちはいろいろなことを知覚します。そのなかでも、とくに、聞くという聴覚は、もっとも容易な知覚方法であると言えるのではないでしょうか。

人類の歴史は、五百万年の昔にはじまったといいますが、その最初の時代には、恐竜などの巨大な動物がいて、人間の先祖は、昼は外にでられなくて、夜だけ行動したのだそうです。だから、聴覚は特別に発達し、人類が発生したころから、耳は人間の生存に関わる特別な働きをもつ器官として、私たちの生活の中で重要な位置を占めてきたようです。これは今日の生物学的な視点でそう語っているわけですが、そのことを二千年の昔のインドでは、経験的に知っていたわけでしょう。〈無量寿経〉および〈阿弥陀経〉では、阿弥陀仏に出遇うためには、ひとえに心の耳を澄ませて、その仏の声を聞けよ、と説いていると ころです。

ところで、この〈無量寿経〉という経典は、今日では『サンスクリット本』と『漢訳本』五本の六種類があります。この経典には、それぞれ阿弥陀仏の本願が説かれておりますが、二十四種の願文をもった『大阿弥陀経』と『平等覚経』、三十六種の願文を語る『荘厳経』、そして四十八種の願文を説く『無量寿経』と『如来会』と『サンスクリット本』があり、これを合わせると六種類になります。この中で二十四種の願をもったものが、もっとも古い原形を伝える経典で、それを〈初期無量寿経〉ともうしております。そして三十六種の願を説く『荘厳経』は別系統に属しますが、四十八種の願を説く三本は、何れも後世さらに発展して生まれたもので〈後期無量寿経〉といわれております。そこでそのもっとも古い原形を伝える二十四種の願をもった〈初期無量寿経〉の中でも、もっとも早い時期に成立したと考えられる『大阿弥陀経』には、阿弥陀仏に出遇うためには、「見仏の道」と「聞名の道」があるけれども、社会の下層に住んで充分な善根が修められない人人でも、この聞名の道を学ぶならば、必ず浄土に生まれて、仏に成ることができると教説されております。

そして、その阿弥陀仏の声を聞く方法、手段としては、この〈無量寿経〉の成立と同じ時代に出られたインドの龍樹《りゅうじゅ》（一五〇〜二五〇ごろ）が、その『十住毘婆沙論《じゅうじゅうびばしゃろん》』の「易行《いぎょう》品《ぼん》」において、ひとえにその日日において、阿弥陀仏を礼拝しその名号を称え、それを憶念するという、礼拝、称名、憶念なる身、口、意の三業を相続していくならば、やがて確かに仏の声を聞くことができると明かしております。そして龍樹は、在家者の菩薩道には、難行道と易行道とがあり、その難行道とは「見仏の道」をいい、易行道とは「聞名の道」のことで、この「聞名の道」こそが、いかなる愚かな凡夫でも可能な、万人普遍の易しい道であると説いております。いまの源信の『阿弥陀経略記』には、その〈無量寿経〉と龍樹の浄土教のことが教示されているわけです。

2　六角堂の夢告

親鸞さまは、この源信の『阿弥陀経略記』にもとづいて、新しい在家者のための仏道を発見されたわけですが、それがほんとうに正しいか、どうかは、自分ではよくわかりませんでした。そこで、親鸞さまは、二十九歳の時、意を決して、その元旦の日から、京都の六角堂に参籠《さんろう》されました。この六角堂とは、その昔、日本に仏教をはじめて弘めた聖徳太子が建立して、自分がもっていた観音菩薩像を本尊として祀ったと伝えられていました。そこで、親鸞さまは、日本仏教の教主である聖徳太子、そしてその観音菩薩に、「いま、私が発見した聞名の道、仏の声を聞くという、この〈無量寿経〉の教法は、多くの民衆にとって正しい仏道でしょうか」と尋ねようとされたわけでしょう。百日の間を目標として、そのお堂に籠り、そこで寝泊りしながら願いをかけられました。親鸞さまは、そこでその観音菩薩、より具体的には、聖徳太子から、何かの言葉、教示をいただきたいと願われたわけですが、それをはじめてから、ちょうど九十五日目の四月五日の朝のころに、夢を見たという記録、「夢記」が残されて、その夢の内容は、「親鸞夢記にいわく」というタイトルで、親鸞さまの直系の弟子にして、親鸞さまより早く亡くなった真仏《しんぶつ》が筆写したものが伝えられております。そのことは、親鸞さまの奥さまもご承知で、そのお手紙の中に、そのことを書いておられます。その点、親鸞さまが、二十九歳の時、四月の初めに、観音菩薩、聖徳太子からお告げをいただいたということは、間違いない歴史的事実として理解できるわけです。

その記録によりますと、親鸞さまがその時、夢の中で聞いたという、観音菩薩、すなわち聖徳太子の言葉が残っているわけですが、その内容は、前半と後半に分かれていて、その前半は、親鸞よ、あなたは結婚して、在家の人間として仏道を生きていきなさい。私があなたの妻となって、あなたとともに仏道を歩き、必ず浄土に往生させてあげます、という内容です。そしてあとの半分のお告げは、これは観音菩薩の言葉ですが、私はそういう在家の生活を続けながら、仏法を学んで、やがては浄土に往生して仏に成っていくという仏道をこそ、世に弘めたいと願ってきました。そのことは私の長い過去から今日までの誓願でありました。だから、どうぞその私の願いをこれから多くの人人に伝えてほしい、という内容です。観音菩薩が、親鸞さまにそういわれた。そこで、親鸞さまは、数千万人の大衆を相手にして、いまの観音菩薩の誓願の話について説教をしたというところで、夢がさめたと記録に書いてあります。だから、その夢告の前半分は、観音菩薩が親鸞さまの奥さまになろうという話。あとの半分は、あらゆる民衆、結婚して在家の生活を営んでいるような大衆、そういう庶民にふさわしい在家仏教を、語り伝えてほしいという話。この二つのことを伝える夢を、この参籠の九十五日目の朝に見られたということです。この夢告のことは、明確な記録として、親鸞さまが書き残していられたわけです。

その夢告については、多くの学者は、特に歴史学の学者は、初めの半分、観音菩薩が、親鸞さまの妻になるという夢を中心に理解をして、親鸞さまは結婚したくて比叡山から下りたのだ、というように解釈しております。しかし、私はいまもうしたような、あと半分の、観音菩薩が、私の長年の願いである在家仏教、それを大衆に伝えてほしいという話こそ注目すべきであると思います。これはたんなる結婚の話とは違うわけで、そこには、人間らしく結婚してその日日に在家生活を営みながらも、その中で仏に出遇う道があるのだ。だから、親鸞よ、あなたも結婚して在家生活を続けながら、そういう新しい在家仏教の仏道を、世間の大衆に教え伝えてほしいと、観音菩薩が願っておられると書いてあるわけです。私はこの後半部分に注目して、親鸞さまが山から下りられたのは、結婚したくて下りたのではなく、上にもうしたような、当時の乱世濁悪の社会の中で、いろいろと苦しみ悩んでいる多くの民衆のために、親鸞さまは、源信の『阿弥陀経略記』にヒントをえて、この六角堂に参籠され、観音菩薩と聖徳太子のお告げの言葉を聞いて、新しい仏道を創められたのだと、こういうように解釈したいと思います。

かくして親鸞さまは、この六角堂参籠とその夢告によって、源信の『阿弥陀経略記』の教示にもとづき、そこに教示されているところの「聞名の道」、すなわち、私がその日日において称名念仏しながら、その私から仏に向かう私の称名が、そっくりそのまま逆転して、それは仏から私に向かう仏の称名、仏の私に対する告名、名のりの呼び声であると、聞いていくということ、そういう「聞名の道」こそが、観音菩薩の長年の誓願の仏道であって、この世のすべての人人の誰でもが、容易に浄土に往生し、成仏することのできる仏道であることを、深い確信をもって領解されたわけでありましょう。そしてここにこそ、新しく浄土真宗の仏道が確立したというところであります。

3　阿弥陀仏の声を聞く

そしてこのように、私が阿弥陀仏の名号を称えながら、そこに阿弥陀仏の声を聞くということは、私たちの日常生活でいえば、幼い子供が、母親に向かって「お母さん」と呼びますが、そのことは子供が考えて呼ぶようになったのではなく、母親がそのように呼ばせたのです。いまも私が南無阿弥陀仏と仏の名を呼ぶようになったのは、ひとえに仏の働きかけによってこそ、私が称名念仏しているのです。だからそのことを思うならば、私が仏に向かって称名念仏していることは、そのまま阿弥陀仏が、私に向かって、自分を名のっていてくださるということにほかなりません。したがって、私は仏に向かって称名念仏しつつ、そのまま、その私の称名は、阿弥陀仏の私に対する名のりの声、呼び声として、心深く聞かれるべきものであります。〈初期無量寿経〉には、しばしば「阿弥陀仏の声を聞け」と説かれております。いま親鸞さまが教えられる「聞名の道」とは、そういう私における称名について、その称名とは、阿弥陀仏の声にほかならず、それはつねに聞名にまで深化すべきであることを、教えられたものにほかなりません。

　このアメリカの地にもいろんな仏教が伝わっています。インドの仏教、南方の上座部仏教、チベットの仏教、中国の仏教、そして、日本の天台宗、真言宗、禅宗、日蓮宗、あるいは法然の浄土宗も伝わっています。ところが、これらの仏教は、すべて仏は「見る」ものであると教えます。すなわち、上に見た常行三昧のように、何らかの行業を励むことによる、「見仏の道」、「見性の道」を語ります。しかしながら、親鸞さまが教説された浄土真宗は、阿弥陀仏とは「見る」ものではなくて、「聞く」ものだということを教えます。すなわち、阿弥陀仏の声を聞く、その仏の私に対する名のりの声、私がその日日に称名念仏しつつ、その称名において仏の声を聞くこと、そういう「聞名の道」を教えるのが浄土真宗の教えです。ここのところが、今日の東西本願寺の教学者には少しもわかっていません。したがって、この聞名の道についてはまったく教説しません。

　だから、私はいまこのことを親鸞さまの教えの原点、まことの浄土真宗の仏道として、皆さまにしっかり伝えたいのです。仏さまは見るものではない。その仏さまの声を「聞く」ということです。だから親鸞さまは、もっぱら仏名、名号を本尊として礼拝され、仏像はまったく拝まれませんでした。阿弥陀仏の名を称えながら、そこに阿弥陀仏の声を聞かれたわけで、親鸞さまの生涯には、仏像を拝むという発想はありませんでした。称名念仏しながら、そこに仏の声を「聞く」、仏の私に対する名のりの声を聞く、ということを生涯かけて教えられたのです。これが浄土真宗における仏道の原点であるということを、充分にご理解いただきたいと思います。ただし、いまの私たちは、さまざまな過去の歴史的な事情によって、仏像を礼拝しておりますが、本来的には、親鸞さまと同じように、仏名、名号に向かって礼拝すべきです。しかし、たとえ仏像を礼拝するとしても、日日に称名念仏を相続しながら、そこにおいて、仏の呼び声を聞いていくことが肝要です。

二 『教行証文類』の教説

1 真宗教義の開顕

上において、親鸞さまはなぜ比叡山から下りられたのか、という問題をめぐって、それは当時の民衆が、たびかさなる天災地変の災害と、政治体制の混乱にともなって、物質的にも精神的にも、さまざまに困窮をきわめ、苦悩している現実を救済するために、在家生活を営む人人によく相応する、新しい仏道を模索することにより、自分が住んでいた首楞厳院の先輩である源信の『阿弥陀経略記』を披見し、そこに伝統仏教が説くところの「見仏の道」に対して、もっとも易しい「聞名の道」があることを発見されたことを指摘しました。そして、そのような新しい「聞名の道」とは、阿弥陀仏の本願を明かしたところの〈無量寿経〉に詳しく教説されており、そこでは繰りかえして、聞名によって現生に不退転地に至り、聞名によって来世に往生成仏をうるということが主張されております。親鸞さまは、そのような教法を発見されたわけですが、そういう教法を民衆に説き伝えることが、ほんとうに正しいことかどうかの確証をうるために、六角堂に参籠して、観音菩薩、聖徳太子の教示を願われたわけでしょう。そしてそれについての明確な夢告、示現をえて、新しい在家仏教の開説を決意して、すでに多くの在家の人人を集めて仏法を伝えていた、吉水《よしみず》の法然の門下に入られたわけです。以上のような親鸞さまの動向については、親鸞さま自身は何ら語られるところはありません。それについては、ある程度の傍証はあるとしても、そのことは私自身の推測によってもうしたものでしかありません。

しかしながら、親鸞さまが、その後において、その主著の『教行証文類』を撰述しておられますが、そこに展開される論理をうかがいますと、そこでは明確に、「見仏の道」を説く聖道教を排除し、また称名念仏を語る浄土教にして、その本義としての「聞名の道」を見失った方便、権仮なる浄土教についても、厳しく否定されております。そしてそこでは明らかに、親鸞さまがその若き日に、さまざまな模索の中から発見し、在家の人人のために、まことの仏道として教示しようとされたところの「聞名の道」について、詳細に開顕されており、そこには親鸞さまが、比叡山から下りられた理由が、明確にうかがわれるところであります。

すなわち、その出家仏教なる比叡山の天台宗、高野山の真言宗などの聖道の諸教については、

像末法滅の時機にあらず、すでに時を失し機に乖《そむ》けるなり。

（「化身土文類」真聖全二、一六六頁）

などといって、そのような「見仏の道」は、もはや今日の時代と人間には、あいいれない仏道であると批判されております。そしてまた、その浄土教についても、法然門下における同僚なる、証空（一一七七～一二四七）の一念義、西山浄土宗と、弁長（一一六二～一二三八）の多念義、鎮西浄土宗は、ともに法然の専修念仏の主張を裏切って、聖道教が説く諸行による往生を是認し、その他のさまざまな呪術信仰、現世利益から、神祇崇拝までも取りこんで教説するところ、そこではもはや、まことの仏道が成立するはずはなく、それはすでに、世俗の民俗信仰に転落していたわけです。親鸞さまは、かつての関東在住のころに、そのような関東における一念義、多念義、その西山浄土宗や鎮西浄土宗の布教状況を、まじかに見聞されるところがあったのでしょう。その『一念多念文意』には、

一念多念のあらそひをなすひとおば、異学・別解のひととまふすなり。異学といふは、

聖道・外道におもむきて、余行を修し、余仏を念ず、吉日良辰《きちにちりょうしん》をえらび、占相祭祀《せんそうさいし》をこのむものなり、これは外道なり。（真聖全二、六一三頁）

と記して、まことに厳しく、それら西山浄土宗、鎮西浄土宗は、すでに仏教にあらざる「外道」であるとまでいって、批判し、排除されております。

かくして親鸞さまは、この『教行証文類』において、法然の専修念仏の主張を継承しつつ、その「聞名の道」こそが、まさしく阿弥陀仏の本願にもとづくところの、私たち在家の凡愚のための、もっとも容易にして唯一真実なる、往生成仏の道であることを主張されているわけであります。

2 「行文類」の教示

親鸞さまは、その『教行証文類』の「行文類」の冒頭で、

大行とは、すなわち無碍光如来の名を称するなり。（真聖全二、五頁）

と語って、浄土真宗の仏道における行業とは、ひとえに、その日日において、称名念仏することであると明示されます。このことは、インドの浄土教、〈無量寿経〉および〈阿弥陀経〉と龍樹の浄土教において、社会の底辺に生きる不善作悪者のための仏道として説かれて以来、二千年の伝統をもって伝えられ、いまに至っているところです。それは仏教の

各宗が語るところの行業に比べますと、もっとも単純であり、もっとも平易な行ですが、親鸞さまは、私たち凡夫が仏に成っていく道は、この称名念仏一行にきわまるといわれます。このような、阿弥陀仏の名号を称念するということは、その称名行の反復、相続によって、やがては自分の人格主体の内奥において、その深層なる心の境地が次第に育てられていき、その私から仏への私の称名が逆転して、それが仏から私への告名、呼び声として、聞えてくるようになり、それにおいて、究極的な真実との出遇い、「めざめ」体験をえて、人格的成熟をとげていくこととなるわけです。問題は、そういう称名念仏を、日日に相続していくことが肝要だということです。

かつて鈴木大拙氏が、この『教行証文類』を英訳されるについて、この行をLivingと訳されました。まことに見事な翻訳です。リビングとは、生きるということ、人生生活の全部を意味する言葉でしょう。すなわち、私が称名念仏するということは、いままでの私のリビング、その人生生活のスタイルが、大きく変わって、その称名念仏行を基軸とし、そのこととともに生きていくという、まったく新しい念仏中心の生活スタイルになってくるということです。

3　念仏は選んでこそ

そしてまた、私がそういう称名念仏行をはじめるについては、何よりも、それについての明確な、自分の主体をかけた「選び」という決断が必要です。すなわち、「よろづのこと、みなもて、そらごと、たわごと、まことあることなし」という、この世俗のすべての価値に対する、徹底した相対化、「選びすて」と、それに即するところの、「ただ念仏のみぞ、まことにておはします」（『歎異抄』真聖全二、七九三頁）という、阿弥陀仏、その称名念仏に対する、徹底した信知、「選びとり」という、基本的な人生態度の確立です。真宗の仏道を学ぶ、それを行ずるためには、先ず何よりも、そういう「選び」の決断が大切です。自分自身の人生生活において、何の疑問、矛盾の思いを抱くこともなく、またその虚妄性、罪業性について、何ら自覚することもなく生きているかぎり、仏法には無縁です。私にとって、仏法が意味をもち、仏道が成立するためには、先ずそういう疑問、矛盾の思いと、それにもとづく「選び」という決断が肝要です。この世俗のいっさいのことをさておいて、「ただ念仏のみぞ、まことにておはします」という、確かな選びとりをもつということです。真宗における仏道とは、そこからスタートするわけです。

そして親鸞さまは、その称名念仏をめぐっては、

往生を不定におぼしめさんひとは、まづわが身の往生をおぼしめして、御念仏さふら

ふべし。

（『親鸞聖人御消息集』真聖全二、六九七頁）

と明かし、またさらには、

弥陀大悲の誓願を　ふかく信ぜんひとはみな
ねてもさめてもへだてなく　南無阿弥陀仏をとなふべし。

（『正像末和讃』真聖全二、五二二頁）

と語って、阿弥陀仏に出遇うという信心、「めざめ」体験をうるためにも、またそのような信心体験をえたのちにも、その信前、信後を問わず、「ただ念仏のみぞ、まことにておはします」という、選びの念仏を、その生涯をかけて、もっぱら相続していけよと教えられるところです。

そしてまた親鸞さまは、そういう私の称名念仏とは、私ひとりの意志と努力によって生まれるものではなく、十方世界の諸仏たちが、声をそろえて称名しておられる、その十方諸仏の称名のコーラスの中に、私も参加してこそ、私の称名念仏ははじめて生まれてくるのだといわれます。しかもまた、その十方諸仏の称名とは、阿弥陀仏の本願にもとづいて成立するものであるところ、その私における、私から仏に対する称名は、そのままそっくり、阿弥陀仏の、仏から私に対する称名、告名でもあって、その私の称名は、阿弥陀仏の私に対する名のり、仏の呼び声として、心深く聞かれるべきであると明かされます。

すなわち、真宗の仏道における称名念仏には、二種の性格があって、そのひとつは、私が往生成仏するために修めるべき、私の行業としての「行位」の意味をもつ称名と、いまひとつは、阿弥陀仏が私に向かって、自分を名のり、私を呼び招く、仏の行業としての「教位」の意味をもつ称名があるというわけです。かくして、真宗における行業としての称名念仏とは、私が仏に向かって仏を呼びながらも（行位）、それをそのまま、仏が私に向かって自分を名のる、仏の声として聞かれるべきもの（教位）であって、上に述べたところの、親鸞さまが、源信の『阿弥陀経略記』にもとづいて、在家の民衆のための、易しい仏道として開顕されたところの「聞名の道」とは、まさしくこのことを意味するわけです。

そして親鸞さまは、その「行文類」において、次いで〈無量寿経〉にかかわる経文を、十三文ほど続けて引用されます。そしてその中の六文は、阿弥陀仏、諸仏が、自ら称名しながら、私にその称名念仏を勧めるところの（行位）文であり、またその中の六文は、私にかかわって、その阿弥陀仏、諸仏の称名を、心して聞けよという聞名を教えるところの（教位）の文であり、あとの一文は、かつて釈迦仏の在世時代に、父王を殺して自分が王位についた阿闍世《あじゃせ》太子が、自分の罪業を悔いて仏法を学び、阿弥陀仏に帰依して救われていったという経文です。この阿闍世太子帰仏の文は、上の阿弥陀仏、諸仏の称名と、私における聞名の教説には関係ありませんが、親鸞さまは、かかる罪業深重なる阿闍世太子も、このような称名、聞名の仏道においてこそ、よく救われたということを教示しようとして、ここに引用されたものと思われます。

そして親鸞さまは、以上の〈無量寿経〉にかかわる十三文の経文を引用したのち、それを結んで、自分の領解を表白し、

しかれば、名を称するに、よく衆生の一切の無明《むみょう》を破し、よく衆生の一切の志願《しがん》を満てたまふ。称名は則ちこれ最勝真妙の正業なり。正業は則ちこれ念仏なり、念仏は則ちこれ南無阿弥陀仏なり、南無阿弥陀仏は即ちこれ正念なりと、知るべしと。

（真聖全二、八頁）

と明かし、この称名念仏こそが、私たちのいっさいの迷妄、無明を破り、私たちがまことの仏に成るための、唯一最勝の行業であるといわれます。そしてその最後に、それは「正念」であるといわれますが、親鸞さまによれば、正念とは信心のことですから、この文は、私の称名は聞名となるべきものであり、またその聞名とは、ついには信心になると教示されているわけでしょう。ここには、真宗の仏道が、ついには称名、聞名、信心の道であることを、きわめて的確に主張されております。

以上が、この「行文類」における、もっとも中心の課題で、ここにこそ真宗における行、

その称名念仏の本義が、明確に提示されているところです。

4 「信文類」の教示

すでに上において見たように、親鸞さまは、浄土真宗における行なる称名念仏とは、そのまま信心になっていくべきであると主張されるわけで、その「行文類」に次いで「信文類」を明かし、そこでは真宗の仏道をめぐって、信心について教説されます。すなわち、親鸞さまは、その「信文類」の冒頭に、「別序」なる文章をおき、その真実信心について、

それおもんみれば、信楽を獲得することは、如来選択の願心より発起す。真心を開闡《かいせん》することは、大聖矜哀《こうあい》の善巧《ぜんぎょう》より顕彰せり。（真聖全二、四七頁）

と明かされます。ここでは真宗における信心には二義、二種があるといい、そのひとつは「信楽」といい、いまひとつは「真心」といわれます。

その信楽とは、もとは『無量寿経』の第十八願文、本願文に見られる用語で、その『サンスクリット本』の原語のところにかえしていうと、prasannacittā と説かれており、それはチッタ（citta）心が、プラサーダ（prasāda）すなわち、澄浄となり、喜悦をもつことを意味します。ここで信楽の原語が、心が澄浄になることだというのは、そのことが三昧（samādhi・定心）に重なることを意味し、新しく智慧が育ち、心の眼が見開かれて、

いままで見えなかったものが見えてくることをあらわします。親鸞さまが、この信心を説明して、「信ずるこころのいでくるは、智慧のおこるとしるべし」(『正像末和讃』左訓、『親鸞全集』〈法藏館〉第二巻　和讃篇、一四五頁)と語られるのは、そのことを意味します。

そしてまた、親鸞さまは、その信心のことを真心ともいわれます。この真心とは、「まことの心」(『尊号真像銘文』真聖全二、五九〇頁)、「まことのこころ」(『末灯鈔』真聖全二、六九二頁)ともいいます。しかしながら、ここでいうところの真心といい、まことの心というのは、私の心のことではありません。私の心とは、どこまでも虚妄にして不実なる、邪偽の心というほかはありません。したがって、ここでいう真心とは、阿弥陀仏の心のことです。しかし、いま親鸞さまは、その私の信心を、真心、仏の心ともいわれるわけです。親鸞さまが、真実信心を明かして、「大信心は仏性なり　仏性すなはち如来なり」(『浄土和讃』真聖全二、四九七頁)と語られるのは、そういうことでしょう。このことは、まったく親鸞さま自身の自己領解による言葉です。

かくして、ここで真宗における信心を明かすについて、ひとつには経典にもとづいて、それを私の心としての「人位」なる「信楽」といい、いまひとつには、自身の領解によって、それを阿弥陀仏の心としての「仏位」なる「真心」だといわれるわけです。そのことは、すでに上に見たところの、真宗における行が、私の「行位」なる称名であるままに、それはそっくりそのまま、仏の「教位」なる称名でもあるということに重なるものであって、真宗信心とは、私における仏についての無疑、信知の心であるままに、それはまた、仏における私についての無疑、信知の心にほかならないということです。

そういう意味においては、真宗における信心とは、世間で語られるところの、私が何かに対して信じるという、対象的、主客二元論的な、信頼とか信仰といわれるものとは次元を異にするもので、それはまったく主体的な、信ずるものが信じられるものであり、信じられるものが信ずるものであるような、主客一元論的な動態としての信心を意味するわけです。

すなわち、私たちの日常生活においても、夫が妻を信じ、妻が夫を信じるといいます。これは信じるものと信じられるもの、その主体と客体の関係において成りたつものです。また宗教においても、たとえば、キリスト教で神を信じるという場合には、信じる主体の私と、信じられる客体としての神、この二つの主客の関係の中で成りたつわけです。しかしながら、ここでいう真宗における信心、チッタ プラサーダ、信楽とは、そういう主客二元論的な話ではありません。まったく主客一元論的、主体的に、心が澄んで何かが新しく見えてくる、知られてくることです。そこで私は、いまそのことを「めざめる」と表現したいと思います。阿弥陀仏を信じることとは、まったく主体的な「めざめ」体験であるということです。

5　信心とは「めざめ」体験

親鸞さまによると、上にいいましたように、信心とは智慧であるといわれます。その信心によって、いままでは知られなかったことが新しく知られてくる、わかってくるということが、真宗における仏を信じるということの基本的な意味です。このところは、いままでの東西本願寺の伝統教学では、まったくいわなかったところですので、充分に留意して理解してください。そのことは、たとえば、親と子の関係で、子供にとって、親の心、その愛情、恩義がわかってくるということは、わかるものと、わかられるものとの、主客二元論的な関係において成りたつものではありません。むしろ、親から遠くはなれて、または親が亡くなってから、はじめて親の愛情、恩義が知られてくるものです。これは皆さんのご経験のとおりです。親からはなれて自分が一人になった時、自分がいまどうしてここにいられるのか。その自己存在の意味、その根拠が、すこしでも見えてきただけ、親の恩義、親の愛情が、ありがたく感じとられるようなものです。すなわち、自分自身がわかることをとおしてこそ、はじめて親の愛情、恩義が知られてくるのです。それはまったく主客一元論的です。私の生命の中に親の生命が生きており、親の生命の中にこそ私の存在があると知れた時に、はじめて親の愛情、その恩義がありがたいとわかってくるわけでしょう。いまのチッタ　プラサーダ、信心が智慧であるということは、そういう主体的、主客一元論的な仕組みにおいて成りたつ、「めざめ」の境地をいうわけです。

だから、親鸞さまが教えられた仏を信じるということは、その日日において、阿弥陀仏に向かって礼拝し、念仏をもうしつつ、それが私から仏への私の声でありながら、それはそっくりそのまま、仏が私に向かって呼びかけている仏の声であると聞いていく、そのことに深く「めざめ」ていく、そういう「めざめ」の境地を信心というわけです。真宗における信心、チッタ　プラサーダとは、そういう「めざめ」体験ですが、その「めざめ」ということは、たとえば、夢を見ているということと、それが夢であったと気がつくということが、背中あわせにひとつになって成りたつことを夢がさめるといいます。あるいはまた、夜が明けるということもそうで、夜が明けるというのは、暗い夜と、朝の太陽がまぶしく照りはじめることのふたつが、背中あわせにひとつになっていることでしょう。夢がさめる、夜が明ける、ということはそういうことです。いま信心とは「めざめ」体験であるといったのはそういうことです。そしてまた、親の愛情、恩義がありがたいとわかることは、もっと親孝行をしておけばよかった、親のためにもっと尽すべきであったと、自分の親不孝、その影の暗さに気づくこととひとつになって、親の愛情がありがたく思えるようなものです。それはちょうど、太陽の光が強ければ強いほど、人の影が黒くうつる。影がうつるということは、太陽の光を身にいっぱい浴びるからです。「めざめる」という体験は、つねにそういう構造をもって成立します。いま、親鸞さまが明らかにされた阿弥陀仏を信じるという体験は、そういう「めざめ」という構造において成立するものであります。

そこで親鸞さまは、この「信文類」の冒頭に、〈無量寿経〉の経文を七文ほど引用されます。上の「行文類」では十三文を引用されたわけですが、この「信文類」では七文を引用されています。そして、その七文は、すべて基本的には、聞名について明かした文章です。私がその称名念仏において、仏の名前を呼びながらも、それは仏の私への呼びかけの声だと、そう聞いていけよという趣旨の経文が、七文ほど引用されているわけです。

そしてその引文における〈後期無量寿経〉の『無量寿経』の第十八願成就文によりますと、

その名号を聞きて、信心歓喜せんこと、乃至一念せん。（真聖全一、二四頁）

と明かし、またその異訳の『如来会』の第十八願成就文によりますと、

無量寿如来の名号を聞きて乃至よく一念の浄信をおこして歓喜せしめ。（真聖全一、二〇三頁）

と説いて、その阿弥陀仏の名号を聞くということ、そういう聞名が徹底されていくならば、そこには必ず「信心歓喜」、「一念の浄信」なる真実信心が開発してくることを語っております。すなわち、ここには、真宗における仏道が、称名、聞名にもとづくところの、信心開発の道であることが明示されているわけです。そして、そのような阿弥陀仏の声を聞く、その称名における聞名にもとづいてこそ、よく信心が開発してくるということは、真宗教義の原典としての〈無量寿経〉には、その〈初期無量寿経〉と〈後期無量寿経〉の何れにも、明確に教説されているところです。そしてまた、その『サンスクリット本』をはじめとする、『漢訳本』五本の何れの経末の流通分《るずうぶん》においても、同じように教説されているところであり、そこでは、真実信心とは、ひとえに阿弥陀仏の声を聞く、その称名、聞名にもとづいてこそ、よく成立してくるということが、きわめて明瞭にうかがわれるわけであります。

すなわち、真宗における信心とは、決してそれ自身単独で成りたつものではありません。それは必ず、称名念仏にもとづき、それが逆転して、仏の声として心深く聞かれてくるようになる、そういう称名、聞名に即してこそ、はじめてよく成立してくるわけです。かくして、親鸞さまは、

真実の信心は必ず名号を具す、名号は必ずしも願力の信心を具せざるなり。

（「信文類」真聖全二、六八頁）

と明かしますが、ここでいう名号とは称名のことです。またその『末灯鈔』にも、

行をはなれたる信はなしときゝて候。又信はなれたる行なしとおぼしめすべし。

（真聖全二、六七二頁）

と語られるところです。その点、真宗における真実信心とは、つねに称名念仏に即してこそ、発起され、成立してくるということを、充分に承知してください。

三　聞名の成立構造

1　聞名と聞法の相違

そこで親鸞さまは、次いで、その「信文類」の後半（刊本では末巻）のはじめに、その聞名を契機として信心が聞発すること、その聞名の成立構造について明かされます。すなわち、そこでは先ず、〈無量寿経〉の文を四文、そして『大般涅槃経』の文を一文、計五種の経文を引用して、真実信心とは、ひとえに聞名の徹底、その深化によってこそ、よく開発してくることを指摘されます。まことに用意周到な配慮です。そしてその後に、上に引用した『無量寿経』の、第十八願成就文の「聞其名号」の聞名をめぐって、

しかるに経に聞といふは、衆生、仏願の生起本末を聞きて疑心あることなし、これを聞といふなり。（真聖全二、七二頁）

と明かされます。ここでいう聞とは、たんなる聞法のことではなくて、明らかに聞名を意味します。そのことは、上に引用した〈無量寿経〉の経文の意趣とも、深く関係しているところです。しかしながら、東西本願寺の伝統教学では、その多くが、聞名と聞法の区別が不分明で、これをたんなる聞法と解釈します。かくしてそこでは、真宗における行道というものが、上に見たような称名、聞名の道であることが、まったく理解できていないわけです。

ところで、この文は、真宗における聞名、私が称える称名念仏に、「阿弥陀仏の声を聞く」（『大阿弥陀経』真聖全一、一四二頁・一八二頁）という聞名の成立構造について、二種の意味を語っております。その第一は、その聞名が、まことの聞名となっていくことについて、すなわち、そこでは阿弥陀仏の声を聞くという、宗教的体験をもつための過程、プロセスをめぐって明かします。そして第二には、そのようにして成立する究竟なる、ゴールとしてまことの聞名とは、いかなる構造をもつものであるかということについて明かします。

2 過程（プロセス）としての聞名

第一の私における聞名が、まことの聞名になっていくプロセスについては、上に示した「衆生、仏願の生起本末を聞きて疑心あることなし、これを聞という なり」という文に即していいますと、はじめの「衆生、仏願の生起本末を聞きて」というところの「聞名」は、まだまことの「聞名」ではありません。それはプロセスの「聞名」です。その称名、聞名が、次第に徹底され、深化されることによって、「疑心あることなし」という確かな体験的な事実となること、すなわち、「これを聞という」「聞名」になってこそ、はじめてまことの聞名となるわけです。その初めの「聞」と後の「聞」の関係です。それは過程位（プロセス）の聞名と、究竟位（ゴール）の聞名の関係です。そのことは、その称名による聞名が、よく徹底して、まことの聞名体験が成立してくることです。すなわち、私における称名念仏が、私から仏への方向において成りたっていたものが、まったく逆転して、仏から私への方向において成りたってくること、私の称名が、そのまま仏の称名、仏の私への呼び声として聞えてくること、そのように確かに体験され、味識されてくるということです。

3　究竟（ゴール）としての聞名

そしてまた、第二のまことの聞名の成立構造については、ここで「仏願の生起本末を聞く」と明かされる問題です。その仏願の生起本末とは、阿弥陀仏の本願についての「生起」と「本末」ということで、その仏願の生起とは、阿弥陀仏が、どうして私のために誓願をおこされたかということです。そしてそのことは、ひとえにこの私自身が、罪業深重にして、その日日を地獄必定の生活をすごしていること、そしてまた、この現実の世界が、虚妄不実にして、人人の苦悩は深刻であり、世界の動乱も止むことがないからです。だからこそ、このような現実における私と世界のために、その救済と浄化のために、阿弥陀仏の本願は発起されたのです。

そしてまた、その仏願の本末とは、いま現に、この私とこの現実の世界に対応して、つねに働きかけつつあるところの、阿弥陀仏の本願の因と果、その無倦なる大悲摂化の始終すべてを意味し、仏の働きかけは、かたときも倦むことなく、いまここに届いていることをいいます。

かくして、「仏願の生起本末を聞く」とは、この現実の私と世界の、ありのままなる実相について知り、またそこに働きかけつつある、阿弥陀仏の大悲の全相について知ることをいいます。すなわち、私の念仏とその聞名をとおして、この現実の私と世界の実相について深く自覚していくことであり、またそれとひとつとなって、いまここに無始以来、無倦に到来しつつある、阿弥陀仏の大慈大悲について深く体解していくことです。そしてそのことは、すでに上に見たように、真宗における信心、チッタ プラサーダとは、「めざめ」体験であり、その「めざめ」とは、夢がさめる、夜が明けるというように、夢とめざめ、夜と朝とが、背中あわせに、即一して成りたつこともうしたことに重なるわけで、ここでいう聞名の構造とは、その仏の本願の生起と本末、すなわち、この現実の私と世界の全相が虚妄不実であるという自覚と、その現実に向かって、いま現に働きかけつつある阿弥陀仏の真実なる大慈大悲に対する信知とが、絶対矛盾的自己同一なる構造をもって成立することを意味します。

このことは、すでに上において明かしたように、この「信文類」では、〈無量寿経〉の経文を七文ほど引用して、上の「行文類」に明かした私の称名は、そのまま阿弥陀仏の声として、聞かれるべきであると教示します。そして親鸞さまは、それに続いて、曇鸞の『往生論註』の二不知三不信の文、善導の「散善義」、『往生礼讃偈』の二種深信の文、そして源信の『往生要集』の「雖不能見」の文などの、伝統三師の文を引用されます。その引文の内容は、結論的にいえば、何れも私における罪業性、虚妄性と、仏における大悲性、真実性の、両者における絶対矛盾的自己同一性を明かす文章であります。そして親鸞さまは、それに続いて、本願文の至心、信楽、欲生の三信心をめぐる、詳細な註解を展開されますが、そこでも、ことにその教義釈においては、その三信心の内実をめぐっては、それが私における虚妄性と仏における真実性の、絶対矛盾的自己同一性の構造をもっていることを明かします。かくして、それらのことは、ここで明かされる聞名の成立構造が、同じように、私における虚妄性についての信知と、仏における真実性についての信知とが、絶対矛盾的自己同一の構造をもって成立してくる、ということに重なり、それに収斂されているわけであって、このような親鸞さまの「信文類」における主張、その論理構成の周到性に対しては、改めて深く敬意を表するところです。まことに見事というほかはありません。

そしてまた、そのことについて「疑心あることなし」とは、親鸞さまにおける疑心とは、すでにその「信文類」に明確に教示されているように、「疑蓋」（無明）を意味します。かくして、ここで「疑心あることなし」ということは、そのような疑蓋、疑心、すなわち、無明の心が一定まで破られて、新しく明知、智慧がひらかれてくるということを意味します。すなわち、そのことは、「信ずるこころのいでくるは、智慧のおこるとしるべし」（『正像末和讃』）と示されるような、究極的な出世体験としての、確かな「めざめ」体験が成立してくるということです。

そしてその結びの、「これを聞というなり」という言葉は、このような「めざめ」体験、すなわち、真実信心としての如実なる「聞名」をいうわけで、ここにおいてこそ、未究竟位（プロセス）の聞名が、究竟位（ゴール）なる真実の聞名となるわけです。かくして、私における称名念仏がまことの聞名となるということは、その称名念仏において、このような絶対矛盾的自己同一なる「めざめ」体験としての、真実信心が成立してくることをいうのです。その意味において、如実の聞名の成立は、そのまま真実信心の開発、成立にほかならないわけです。親鸞さまが、聞名の「聞」の意味を解釈して、

聞といふは如来のちかひの御なを信ずとまふすなり。（『尊号真像銘文』真聖全二、五六一頁）

きくといふは、本願をききて、うたがふこころなきを、聞といふなり。またきくといふは、信心をあらわす御のりなり。（『一念多念文意』真聖全二、六〇四頁）

聞はきくといふ、信心をあらわす御のりなり。（『唯信鈔文意』真聖全二、六四四頁）

と明かされるとおりです。ここでいわれる「聞」とは、たんなる聞法の聞ではありません。それは私から仏への私の称名念仏が、そのまま逆転して、阿弥陀仏の私に対する告名、招喚の声として、心深く聞かれてくるようになる、その聞名の聞について語られた「聞」にほかなりません。充分に注意してください。ここには、真宗における真実信心の成立構造

が、見事に開顕されているところであります。

四　聞名成仏の道

かくして、真宗における仏道とは、その『教行証文類』の「行文類」と「信文類」において、ことにはそこに引用されるところの、〈無量寿経〉にかかわる経文が明示するように、まさしく称名、聞名、信心の道であることが、明瞭に知られてくるところであります。

このような浄土真宗における仏道としての、称名、聞名、信心の道とは、二千年の昔に、インドにおいて浄土教が成立して、〈無量寿経〉が開説されたことにもとづき、それをうけて、インドの龍樹が在家者の菩薩道を明かすについて、難行道と易行道を分判し、その難行道とは「見仏の道」をいい、易行道とは「聞名の道」をいうといい、この聞名の仏道こそが、いかなる凡愚のものでも、礼拝、称名、憶念の三業を、その人生生活における日日のリビング、生活習慣行として実践していくならば、そこに必ず聞名体験が成立し、阿弥陀仏に出遇うことができると主張したわけです。しかしながら、この〈無量寿経〉と龍樹の浄土教、その易行道の思想が、中国に流伝しますと、中国の仏教事情に影響されて、それが「見仏の道」として理解、受容されることとなり、阿弥陀仏とは、もっぱら見仏の対象として捉えられ、道綽、善導の浄土教においては、それはひとえに見仏の道として理解されていきました。そしてそのような誤まった中国浄土教が日本に伝承されたところ、法然浄土教もまた、見仏中心の仏道を語ったわけで、法然は、平生における三昧見仏、および臨終における来迎見仏と、何れも「見仏の道」を教えたわけです。

それに対して、インドにおける浄土教、その「聞名の道」の開説から、およそ千年ののちに、上に見たように、親鸞さまの苦労により、その仏道が新しく発掘されて、在家の凡愚のための易行道として、改めて見事に開顕されたところです。

しかしながら、親鸞さま没後には、新しく本願寺を創立した、親鸞さまの曾孫の覚如（一二七〇～一三五一）とその息男の存覚（一二九〇～一三七三）は、上に述べたような親鸞さまの意趣も、さらにはまた、インド浄土教の〈無量寿経〉の教説も、そしてそれにもとづく、龍樹の浄土教思想についても、いささかも学ぶことはなく、まったく無知、不明でありました。それで当時、京都に弘まっていた証空の一念義、西山浄土宗に入門してその弟子となり、もっぱらその教義を移植、模倣して、新しく真宗教義を構築しましたが、この証空の一念義とは、すでに上にも明かしたように、仏教、浄土教の本義からは脱線して、日本伝統の民俗宗教に転落していたわけで、親鸞さまは、それは仏教にあらざる「外道」であるとまで、厳しく批判されているところです。かくして、今日の東西本願寺の伝統教学が教示するところの、真宗信心とは、そのような西山浄土宗義をまねたところの、まったく非仏教的な外道としての、主客二元論的発想による、阿弥陀仏に向かって「たのむ」ことであり、あるいはまた、それにすべてを「まかす」ことであると主張しているわけで、そのことは、上に見たような〈無量寿経〉の第十八願文の信心の原語がチッタ　プラサーダであり、それをうけて、親鸞さまが、「信ずるこころのいでくるは、智慧のおこるとしるべし」と明かされるところの、主客一元論的な信心の教説とは、大きく齟齬しているこ とはきわめて明瞭であります。これでは、まことの仏教でも、浄土教でもなく、まして親鸞さまの教説でもありません。まさしく外道というほかはありません。かくして、今日の東西本願寺の伝統教学は、いまもって仏教にあらざる外道を教示しているところです。これでもなお真宗の教えといいうるのか。まったく愚かなはなしではあります。

かくして、親鸞さまの本義は、そののちには、誰も継承するものもいなくて、この「聞名の道」は、まったく放置され、歴史の中に埋没して今日に至ったわけです。いまの日本の東西本願寺の教学では、このことをいうものは誰一人としておりません。そこでいま私ただ一人が、親鸞さま没後七百五十年にして、改めてこの「聞名の道」を、ここに発掘し、開示したところです。どうぞ心ある方方は、ここにこそ、親鸞さま開顕の、まことの浄土真宗の本義、その教法があることに注目して、親鸞さまが、その『教行証文類』において、心を尽して示教されたところの、真実の仏道を、しっかりと探ね、学んでいただきたいと念じるところであります。

（二〇一三年二月二二日、於オレンジカウンティ別院、開教使対象講義）

第三章　称名の道

一　〈無量寿経〉の教説

1　阿弥陀仏思想の成立

次に、真宗の仏道としての称名念仏の道、阿弥陀仏の名前を称えるということ、私たちがその日日において、「南無阿弥陀仏、南無阿弥陀仏」と口に称える称名念仏について、その肝要なところをお話しいたします。

先ず初めに、〈無量寿経〉について、そこで教説されている、阿弥陀仏についてもうします。キリスト教における神、あるいは日本の神道における神については、何れもそれは神話、宗教的な物語りの中で語られたもので、具体的な歴史的な事実としての存在ではありません。しかしながら、いま私たちが礼拝している阿弥陀仏とは、そういう神話の中の存在ではなく、いまから、およそ二千五百年ほどの昔に、インドに生まれて、多くの人人を教え導かれた釈迦仏が残された教え、その釈迦仏がひらかれた仏の「さとり」の世界を、象徴表現したものが阿弥陀仏であります。だから、阿弥陀仏とは釈迦仏のことです。その仏像をご覧になると、それはインドの僧侶、釈迦仏と同じ姿をされています。だから、阿弥陀仏とは、たんなる神話の中の存在ではありません。歴史的な存在としての釈迦仏のことです。

その阿弥陀仏の「阿弥陀」という言葉は、古いインド語、サンスクリット語で、アミターバ（Amitābha）、アミターユス（Amitāyus）ともうしますが、そのアミタ（amita）とは、計ることのできない無量ということです。そしてそのアーバ（ābha）とは光明ということ、アーユス（āyus）とは寿命ということです。すなわち、阿弥陀仏とは、光明が無量であり、寿命が無量である仏を意味します。釈迦仏が亡くなられたあと、その遺骨をお祀りしたお墓、仏塔を中心に、当時の多くの仏教徒が、釈迦仏を深く尊敬し、思慕しながら、釈迦仏はいまもなお生きて、私たちを教え導いてくださっている、釈迦仏とは、光明かぎりない仏であり、寿命かぎりない仏だと考えたわけです。その光明とは、横に空間的にかぎりなく弘まってまいります。また寿命とは、縦に時間的にかぎりなく続いてまいります。釈迦仏の教え、その仏の「さとり」の世界は、かぎりなく多くの人人に向かって、空間的にも、時間的にも、歴史、社会を超えて伝わっていくということで、釈迦仏を、光明無量、寿命無量なる仏と呼んだわけです。これが阿弥陀仏（アミターバ、アミターユス）という名前の由来、根拠です。

かくして、釈迦仏が亡くなられたあと、多くの仏教徒、ことにはその在家の信者たちは、釈迦仏を阿弥陀仏、阿弥陀如来と呼びつづけてきましたが、いつの間にか、釈迦仏の存在がだんだんと薄れていき、阿弥陀仏という仏の存在が中心になってまいりました。したがって、阿弥陀仏とは、もともとは釈迦仏の「さとり」、その「教え」、その「いのち」を、宗教的に象徴表現したもので、釈迦仏と阿弥陀仏は同じでありますます。

そこで当時の人人は、その釈迦仏の「いのち」、その「さとり」を象徴表現するについて、二種の方法を考えました。そのひとつは姿形としてあらわしました。そしてもうひとつは言葉として、名前としてあらわしました。そのことは私たちの生活でもそうでしょう。誰かを紹介する時には、先ず文字によって名前を伝えます。そして同時に、その人の姿形を写真で見せます。いまも同じように、阿弥陀仏を表現するについて、経典は、姿形として象徴表現するか、名前として象徴表現するか、この二種の方法で阿弥陀仏を説明いたしました。

2　悪人成仏の道

そこで、阿弥陀仏を姿形、仏身として象徴したら、その阿弥陀仏に出遇う、それを体験するためには、見ることが肝要です。心を浄め、心を定め、心の眼を見開いて仏を見るということです。すなわち、見仏の道です。これは姿として阿弥陀仏を捉えた時にはそうなります。ところが、阿弥陀仏を言葉、名前として象徴したならば、それを体験するためには、それを聞くことが肝要であります。その仏名を称えること、そしてそこに仏の声を聞くということです。すなわち、心を育てて、称名しながら、心の耳を澄ませて、その仏の告名、名のりの声を聞いていくのです。

かくして、阿弥陀仏に出遇う、それを体験するためには、心を浄めて見る「見仏の道」か、心の耳を澄ませて仏の声を聞く「聞名の道」か、そういう二種の道が語られることとなります。そこで〈無量寿経〉の中でも、もっとも古い原形を伝える『大阿弥陀経』の教説によりますと、阿弥陀仏を体験する、それを信心体験するためには、そういう「見仏の道」と「聞名の道」の二種の道があると説きながらも、その中心は「聞名の道」について語っております。ところで、〈無量寿経〉が説かれたすこしあとに成立したところの、二千年ほど昔のインドの論書『大智度論』という書物によると、「見仏の道」はたいへん難しいけれども、「聞名の道」はまことに易しい道だと語っております。かくして、いま私たちが学んでいる〈無量寿経〉は、私たちにとって、もっとも易しい聞名の道を、往生成仏の道として、教えているわけです。

今日、世界に広がっております仏教には、インド仏教、南方仏教、中国仏教、チベット仏教など、いろいろとあります。また日本の仏教についても、天台宗、真言宗、禅宗、日蓮宗、浄土宗など、いろいろあります。そしてそれぞれの仏教の各宗派は、さまざまな仏を語ります。大日如来、釈迦如来、薬師如来、毘盧遮那仏《びるしゃなぶつ》、観音菩薩など、いろんな仏を説きますが、その仏に出遇うためには、心を浄め、心を定めて見仏する道を教えます。それに対して、いま私たちが学んでいる真宗の教えでは、阿弥陀仏に出遇う道は、見るのではなく、聞くということ、心の耳を澄ませて、仏の声、仏の名前を聞くという、「聞名の道」を語ります。この聞名ということを教えるのは真宗だけです。これが浄土真宗の仏道であります。

ところで、〈無量寿経〉という経典、阿弥陀仏の教えを説いた中心の経典は〈無量寿経〉と名付けますが、それについては、今日に伝わっておりますものは六種類あります。すなわち、阿弥陀仏の本願についていえば、二十四種の願を説いたものが二種類と、三十六種の本願を語ったものが一種類と、四十八種の願を明かしたものが三種類あります。そこでその二十四種の願を説いた〈初期無量寿経〉の中で、もっとも早い段階で生まれた、

『大阿弥陀経』によりますと、私たちが浄土に生まれて仏に成るについては、その二十四願の中の、第五願文、第六願文、第七願文に、三種の仏道が語られております。

その三種の仏道とは、その第五願文では、何ら善根を修めることがなく、悪業を犯すことの多い、不善作悪者の仏道を誓っており、そこでは、阿弥陀仏の名号を聞くという聞名にもとづく作善の道を説き、その第六願文では、一般在家者の仏道について誓い、そこでは仏塔を中心とする遶塔焼香《にょうとうしょうこう》、散華燃灯《さんげねんとう》、また出家者に対する布施《ふせ》などの善根の修習の道を説き、その第七願文では、菩薩道を行じて六波羅蜜《ろっぱらみつ》を修めるか、出家して持戒作善の道を修めるように教説しております。なおまた、この『大阿弥陀経』では、この三願文に対応する三輩往生の文が説かれております。

そこで親鸞さまは、この第五願文の不善作悪者なる悪人が、阿弥陀仏の名号を聞き、その聞名において、浄土に往生し、やがて仏に成ることができるという悪人成仏の道に注目されたわけですが、その悪人とは、具体的には、いかなる内実をもったものをいうのか。その『大阿弥陀経』の経文によりますと、

その前世の生涯において、愚痴、無智きわまりなく、もっぱら貪欲にして、慈心をもって善根を修め、ひろく人人に施与することもなく、ただいたずらに自分のみが所有することを願い、飲食にこだわり、美食を求めて、他人に施与してのちにその果報

をうることを信ぜず、また善根を修めて後世にその福徳があらわれることも信ぜず、おろかにも誠実さを思うことなく、いよいよ悪業を重ねます。このようにして、寿命が尽きるならば、何らの善根の報いもなく、たよりとするものは何もありません。かくしてついには、悪道に転落して長い間激苦にせめられ、無量の歳月のすえに、やっとそこから出離して、仏法に遇うことができるような人をいいます。

（経文意訳・真聖全一、一四六頁）

などと明かしているところです。この経文の内容は、まさしく今日の私たちの現実相を描写したものにほかなりません。しかしながら、そのような極悪非道なる私たちのような悪人でも、この聞名の道に帰依するならば、ついには仏に成ることができるというわけで、ここでいう悪人とは、そういう私たちのような人間をいうわけです。親鸞さまは、その「信文類」において、阿弥陀仏の本願の対象となる悪人をめぐって、その具体的な人物としては、インド王舎城の、父王殺害の大罪を犯した阿《あ》闍世《じゃせ》太子を指示されているところですが、この阿闍世太子の心相も、また私たちの実相と別ではないでしょう。

かくして、この第五願文の聞名にもとづく仏道とは、そういう悪人が成仏することのできる道をいうわけです。なお〈後期無量寿経〉の『無量寿経』および『如来会』の第十八願文が明かすところの仏道とは、この『大阿弥陀経』の第五願文の思想的な展開、深化によって説かれたものであります。その点、真宗において明かされる聞名の道とは、まさしく阿弥陀仏の本願によって誓願されたところの、悪人成仏の道にほかならないわけであります。

3 龍樹浄土教の教示

上において見たように、〈無量寿経〉によりますと、阿弥陀仏に出遇い、それを信心体験するためには、「見仏の道」と「聞名の道」がありますが、私たちのような、濁悪な心を抱いて生活している凡愚、悪人には、もっぱら「聞名の道」、「阿弥陀仏の声を聞く」(『大阿弥陀経』真聖全一、一四二頁・一八二頁)ことが肝要であり、そのことによってこそ、よく仏に成っていくことができると教説されております。すなわち、私たちは、その「阿弥陀仏の声を聞く」ということ、その「聞名の道」をとおしてこそ、よく釈迦仏の「さとり」の世界にふれ、その「いのち」をいただくことができるのです。

しかしながら、その「阿弥陀仏の声を聞く」、「聞名」ということが、私においてどうして成りたってくるかについては、この〈無量寿経〉では、充分に明確には説かれてはおりません。そこでこの〈無量寿経〉が成立した直後ごろに出世した龍樹《りゅうじゅ》(Nāgārjuna・一五〇〜二五〇ごろ)が、その著の『十住毘婆沙論』において、在家者の菩薩道について明かすのに、この聞名の思想に注目し、その菩薩道については、大丈夫志幹《だいじょうぶしかん》なる菩薩が修めるべき、難行道なる五功徳法の道と、またそういう堅実な意志をもたない、儜弱怯劣《にょうにゃくこれつ》なる菩薩でも可能な、易行道なる信方便易行《しんほうべんいぎょう》の道があると説いております。そしてその難行道の五功徳法とは、般若空の思想にもとづくところの、見仏の道の実践を意味するもので、その行業の修習は、まことに困難であると明かしております。それに対して、易行道なる信方便易行とは、諸種の経典が解くところの教法を信認することを、方便、手段とする行道を意味するもので、その具体的な行業としては、〈無量寿経〉などが教説するところの、聞名して不退転地に至る道をいい、それについては、礼拝、称名、憶念なる身、口、意の、三業の奉行を語るものでした。

この三業の実践については、その『十住毘婆沙論』の「易行品」によりますと、多分に龍樹自身の独自な領解にもとづいて、改めて創唱されたものと考えられますが、その身業による礼拝については、すでに〈後期無量寿経〉では、阿弥陀仏像の起立を語っておりますので、当時には、阿弥陀仏像に対する礼拝が一般化していたと考えられます。またその口業による称名については、その〈初期無量寿経〉には、称名思想が見られますが、それは中国において、漢訳の際に付加、挿入された思想であろうといわれ、また〈後期無量寿経〉には、称名思想は明確には見られません。その点、従来から、この〈無量寿経〉には、称名思想は存在しなかったといわれてきましたが、私見によりますと、すでに阿弥陀仏を礼拝するという宗教的儀礼が成立していたとするならば、その仏像に対して、合掌し礼拝するのに、何らの言葉も発しなかったとは考えられませんので、明確な称名とはいいえないとしても、その礼拝行為にかかわっては、何らかの仏名称念的な行為が、必然的に生まれていたのではないかと想像するところです。なお、この龍樹の『十住毘婆沙論』の「易行品」では、その称名思想の主張は、『宝月童子《ほうがつどうじ》所問経《しょもんぎょう》』に依拠したと語っております。ただし、その『宝月童子所問経』に関連するものと思われる、今日に伝承される漢訳の『大乗宝月童子問法経』には、称名思想は見あたりませんが、龍樹がそういっている以上、その原典には存在していたわけでありましょう。なおまた、意業による憶念については、その礼拝、称名が、真実の行業となるためには、当然に要求されるところでありましょう。かくして龍樹は、そのような礼拝、称名、憶念なる三業の宗教的行為を、その日日に相続、実践していくならば、やがてついには、心澄浄なる境地が生まれて、阿弥陀仏と出遇い、それを信心体験することができ、まさしく初地、不退転地に至ることができると明かしているところです。

なお、このような礼拝、称名、憶念なる三業の奉行は、こうしてインドにおいて創始されて以来、二千年にわたって伝統されていまに至り、今日における浄土真宗の宗教儀礼、日常礼拝の形式となっているところであります。

こういう宗教儀礼は、また「象徴行為」ともいわれるわけです。すでに上において、釈迦仏の「さとり」、その「いのち」を「象徴表現」して、阿弥陀仏という仏身と仏名を語るようになったといいましたが、そういう仏身を見る、仏名を聞くという、「見仏の道」と「聞名の道」を実践し、その見仏を体験し、聞名を体験するための宗教的な行業を「象徴行為」といいます。いまここで、真宗における行道として、礼拝、称名、憶念を語るのは、まさしくそのような行為をいうわけで、私たちが、その日日において、そういう行為を継続し、徹底していったら、そのことを媒介として、私の心の耳に、この世俗の世界を超えたところの、出世の世界なる「阿弥陀仏の声」、その告名、呼び声を、確かに聞くことができるようになるのです。いま親鸞さまが、真実信心を開発するためには、何よりも仏壇を大切にしながら、その日日に称名念仏をせよといわれるのは、まさしくそういう「象徴行為」について教示されたものです。

二　称名念仏の道

1　親鸞の称名領解

真宗における称名念仏とは、すでに上において見たように、その原点は〈無量寿経〉にあるとうかがわれますが、より具体的には、龍樹浄土教における、礼拝、称名、憶念なる三業奉行の主張によって、創唱されたものといいうるところであります。そしてそのことが、〈無量寿経〉にかかわって理解されるについては、親鸞さまにおける、独自な念仏領解によって成立したわけであります。

すなわち、その〈初期無量寿経〉の中でも、もっとも早いころに成立したと考えられる『大阿弥陀経』によりますと、その仏道をめぐっては、第五願文の不善作悪者のための聞名にもとづく作善の道、第六願文の一般在家者のための遶塔散華《にょうとうさんげ》、飯食沙門《ばんしきしゃもん》などの善根修習の道、そして第七願文はより高度な仏道として、菩薩道を行じて六波羅蜜行を修めるか、または出家して持戒作善の道を行じるという、三種の行道を明かしております。そしてそのような行道理解は、〈後期無量寿経〉の『無量寿経』および『如来会』によりますと、その『大阿弥陀経』の三種の行道思想が、さらに深化、展開して、その第十八願文では、

『大阿弥陀経』の第五願文、不善作悪者の道の延長として、至心信楽《ししんしんぎょう》の願なる聞名信心の道が説かれ、そしてその第十九願文では、『大阿弥陀経』の第七願文の菩薩道、出家者の道の延長として、修諸功徳《しゅしょくどく》の願なる諸善万行の道が説かれ、そしてその第二十願文では、『大阿弥陀経』の第六願文、一般在家者の道の延長と考えられますが、植諸徳本《じきしょどくほん》の願として自力念仏の道が説かれております。なおまた、親鸞さまによりますと、この『無量寿経』、『如来会』の三願文には、それぞれの行業が明かされておりますが、その行業には、何れも称名念仏行が含まれていると理解され、その第十八願文においては他力念仏、第十九願文ではさまざまな諸善万行の中の念仏行としての雑行念仏、第二十願文では、自力念仏を、それぞれ語っていると教説されております。このことは、親鸞さま自身が、かつて若き日に、比叡山において浄土教を学び、称名念仏しながらも、なおさまざまな善根功徳を行じ、いろいろな諸善万行を修められたという、自己自身の仏道経験にもとづくところの領解と、それにもとづく分類解釈であろうと思われます。

かくして、親鸞さまは、その〈後期無量寿経〉の『無量寿経』および『如来会』の、第十九願文において説かれる雑行念仏を「仮門の称名」と名づけ、第二十願文において説かれる自力念仏を「真門の称名」と呼び、第十八願文において説かれる他力念仏を「真実の称名」と明かされております。そこで、いまは親鸞さまによって領解され、分類されたところの、この三種の称名念仏の内実について、いささか考察をすすめてまいります。

2　仮門の称名

その第十九願文の「仮門の称名」とは、その願文によりますと、まことの心をもって浄土に往生したいと願い、称名念仏を含む、さまざまな善根、行業を修めることにより、その臨終に至って阿弥陀仏の来迎をうけ、清浄な心をもって見仏し、往生をうるという道をいいます。その点、この仏道とは見仏の道に属して、もともとは聖道教に重なるもので、それら聖道教の行業を修めながらも、浄土に往生しようと願う道をいい、その点、まことの浄土教とはいいえないものです。かくして、親鸞さまは、その教説は、『観無量寿経』に明かされるところの、見仏の道にほかならないといわれます。

すでに上にも述べたように、私たちが仏道を学び、それを修めるについては、何よりも明確な「選び」という心の姿勢、態度が肝要です。この道こそ真実、私はこの道を行くという、明確な選びが成りたってこそ、はじめてそれを基軸、梃子《てこ》として、あらゆる世俗的な価値を相対化し、「ただ念仏のみぞまこと」という出世志向の人生態度を確立することができるわけです。しかしながら、その第十九願文の仮門の仏道においては、その修めるべき行業が諸善、万行から称名念仏までも語って、何らの選びも成りたたず、そこではその基軸が存在しないところ、世俗を相対化し、出世を志向する、まことの人生態度を確立することは不可能で、それではとうてい、真実の仏道というものは成立するはずはありません。かくして、この第十九願の仏道、その称名とは、どこまでも真実に誘引するための、方便、仮設の道でしかないところ、これを仮門の称名といわれたわけです。またこの道は、臨終に阿弥陀仏の来迎をうけ、それにおいて見仏してこそ、よく仏の救いをうけて浄土に往生できるというわけですが、煩悩多く迷妄深い私たちが、その臨終において、確かに来迎をうけて見仏することができるのか、まことに疑問です。しかしながら、多念義の立場に立つ鎮西浄土宗（知恩院）では、伝統的には、この第十九願文、『観無量寿経』の教説に従って、その来迎、見仏を厳しく教えてきたところであります。

これが第十九願文が明かすところの、諸善、万行の中で語られる、雑行なる称名念仏、「仮門の称名」であります。

3　真門の称名

そして次の第二十願文の「真門の称名」とは、その願文によりますと、まことの心をもって、あらゆる価値、善根がおさまっている阿弥陀仏の名号にもとづき、それを日日に称念しつつ、その称名の功徳を仏に向かって廻向して、浄土に往生をうるという道をいい、親鸞さまは、それは〈阿弥陀経〉に明かされるところの仏道であるといわれています。

この行道は、上の第十九願の仮門の道に比べると、唯一なる、称名念仏の一行を選びとって修める道であるところ、そのことを基軸、梃子として、よくいっさいの世俗的価値を相対化することができ、それにおいて、よく出世、真実の世界に趣入することが可能となるわけで、それはまことの仏道であるといいうるわけです。しかしながら、この第二十願真門の道では、もっぱら称名念仏一行を選びとったとしても、なおその不徹底性によって、称名念仏する主体における、私自身の自執の心の放棄、自我の心の脱底が成立しえず、したがってまた、阿弥陀仏の大悲についての、確かなる「めざめ」体験も成立しえないところ、その称名念仏は、いまだ真実の称名とはいいえないとしても、親鸞さまは、そのような称名念仏とは、すでに真実に近いということ、その真実の門前に立っているという意味で、真門の称名といわれるわけです。

すでに上において明かしたように、真宗における仏道としての称名念仏は、私から仏に向かう私の称名でありながら、それはそのまま逆転して、仏から私に向かう仏の称名として、心深く聞かれるべきであり、その私の称名が、そのまま聞名となってこそ、その称名念仏が、まことの称名念仏となるものでありました。その点、浄土教における称名念仏行とは、それにおいて自己自身の現実の在りようを厳しく問うものであり、そのことにおいて、自分の人生生活における虚妄なる自執、自我の心を打ち破り、それを崩壊せしめていくための、もっとも勝れた方便、手段であり、それはまた万人に普遍するところの、もっとも容易な宗教的な営為でもあるわけです。

だが、この第二十願の真門の称名念仏とは、なおその自執、自我の心が残存して、私から仏への一方向のみにおいて成立するものであって、その逆転としての、仏から私への方向をもって成立していない称名です。もっぱら称名念仏しながらも、その称名が私に対する仏の呼び声、仏の名のりの声であると思いあたらない、そのように聞えてこない称名、称名が聞名とならない称名念仏です。かくして、このような真門の称名は、表層的には、真実なる本願他力の称名と、まったく同じでありながら、その内実、心相が、真実になっていない、まことの「めざめ」体験としての信心になっていない、称名念仏をいうわけです。これが真門の称名といわれる称名念仏です。

しかしながら、この真門の仏道は、その願文に「果遂《かすい》せずば正覚をとらず」（真聖全一、一〇頁）と明かして、この道を歩むものは、阿弥陀仏によって、遂には必ず、真実の世界に至らしめる、と誓願されているところです。親鸞さまは、それについて、この果遂の語に、

果し遂げずばといふは遂に果さむとなり。

（『浄土三経往生文類』（広本）真聖全二、五五八頁）

と左訓されています。その点、この真門の道を歩むものは、いかに自我、自執の心が深かろうとも、やがては必ず、真実の世界、本願の世界に至ることができるというわけです。このことについては、この後に、改めて詳しく考察いたしましょう。

4　真実の称名

そして第十八願文の「真実の称名」とは、その願文およびその成就文によりますと、その日日に阿弥陀仏の名号を称念しつつ、それをひとえに「阿弥陀仏の声」（『大阿弥陀経』真聖全一、一四二頁・一八二頁）、阿弥陀仏の私たちに対する告名（名のり）の声、招喚（招き）の声として、心深く聞いていくならば、やがてそこに、確かなる「めざめ」体験としての真実信心が成立してくることとなりますが、そういう阿弥陀仏との出遇い体験としての、真実信心をもったところの称名念仏をいうわけで、親鸞さまによると、そのことは〈無量寿経〉に一貫して明かされるところの、教説、仏道であるといわれております。

かくして、この第十八願文の真実の称名とは、表層的には、真門の称名とまったく変わりはありませんが、その真門の称名とは、すでに上において指摘したように、私から仏への一方向のみにおいて成立する称名念仏であって、それが逆転して、その称名が、仏から私への方向をもった称名になっていないわけです。しかしながら、その真門の称名が、その深化、徹底によって、称名している主体としての、私における自執、自我の心、その称え心が、自己崩壊し、その心の底板が、完全に脱落するという、その脱底、脱自において、阿弥陀仏の大慈、大悲が、深く味識、体解されてくるようになった時、そのような称名念仏を「真実の称名」というわけです。そしてそのような脱自、脱底の称名とは、そのまま仏の私への告名（名のり）、招喚（招き）の称名となるわけですから、それはまた、その称名は、そのまま仏から私への、聞名ともなるわけであります。

すなわち、親鸞さまは、そのようなまことの聞名の成立が、そのまま信心体験を意味すると明かされるわけです。そのことについては、すでに上に見たところの第二章聞名の道の中の「三　聞名の成立構造」において、その詳細を説明したところです。そしてそのように、聞名体験が真実信心となるということについては、

「聞名欲往生」といふは、聞といふは如来のちかひの御なを信ずとまふすなり。（『尊号真像銘文』真聖全二、五七八頁）

「聞其名号」といふは、本願の名号をきくとのたまへるなり。きくといふは、本願をききてうたがふこころなきを聞といふなり。またきくといふは、信心をあらわす御のりなり。（『一念多念文意』真聖全二、六〇四〜六〇五頁）

「聞名念我」といふは、聞はきくといふ、信心をあらわす御のりなり。

（『唯信鈔文意』真聖全二、六四四頁）

と明かされるとおりです。なおここで「聞」というのは、すべて聞名のことで、たんなる聞法、聴聞のことではありません。しかしながら、いままでの東西本願寺の伝統教学では、この聞名と聞法の区別が、まったく不分明であり、それについて無知であるところ、それらの教言を、すべて聞法のことだと解釈してきました。とんでもない誤解です。

かくして、真宗における仏道とは聞名の道であるということ、その日日において称名念仏しつつ、そこに阿弥陀仏の私に対する名のりの声、招きの声を聞いていくという、確かなる聞名の道であるということは、いままでの東西本願寺の伝統教学では、まったく理解されてきませんでした。したがってまた、その〈後期無量寿経〉における『無量寿経』と『如来会』において明かされるところの、阿弥陀仏の四十八願の中では、十三願（『無量寿経』の第十八願文を含む）までが、聞名について誓願し、そこでは聞名不退の道、聞名往生の道、聞名得益の道などが、繰りかえして説かれているところで、〈無量寿経〉では、ことほどさように、聞名の思想を重視し、それをめぐって教説しているわけですが、そのことについても、まったく無視していまに至っているところです。

そしてまた、その東西本願寺の伝統教学では、阿弥陀仏に対する真宗信心をめぐっては、蓮如の教示にもとづき、その仏をまったく主客二元論的、外在的に捉えて、それに向かって「たのむ」ことであると語っておりますが、そのことは、すでに上に見たところの、一念義と多念義、それはより具体的には、西山浄土宗と鎮西浄土宗の教義理解を借用、模倣して語っているわけで、それは確かなる仏教教義にもとづくものではなく、それらの教義は、日本古来の民俗信仰に転落したところの、世俗的な発想をうけていっているだけで、親鸞さまは、それは仏教にあらざる「外道」(『一念多念文意』)であるとまで、厳しく批判されているところです。したがってまた、そこでは〈無量寿経〉が語るところの、阿弥陀仏を信ずるということが、その原語のサンスクリット語では、チッタ プラサーダ (citta prasāda)、「心の澄浄」であるということ、そしてそのことをうけて、親鸞さまが、

信ずるこころのいでくるは、智慧のおこるとしるべし。

(『正像末和讃』左訓、『親鸞全集』〈法藏館〉第二巻　和讃篇、一四五頁)

と教示されていることについても、まったく無知、不明であり、何ら注目することはありません。そしてまた、そういう真実信心とは、上にもうしたように、私における日日の称名念仏の相続において、その私の称名が、仏の呼び声、招きの声として、聞えてくるという聞名になってこそ、そこにまことの信心としての「めざめ」体験が成立してくるわけで、真宗における信心とは、それ自身が単独で成立するものではありません。それはつね

に、私における日日の称名念仏行に即してこそ、よく成立してくるものであります。そのことは、すでに親鸞さまが、

真実の信心は必ず名号を具す。（「信文類」真聖全二、六八頁）

と説き、また、

信をはなれたる行もなし、行の一念をはなれたる信の一念もなし。（中略）信と行とふたつときけども、行をひとこえするときききてうたがはねば、行をはなれたる信はなしとききて候。又信はなれたる行なしとおぼしめすべし。（『末灯鈔』真聖全二、六七二頁）

と明かされていることによっても、まことに明瞭であります。

しかしながら、ことに今日の西本願寺の伝統教学では、その信心を説明するについて、かつて近世の末期の信心騒擾事件（三業惑乱）によって、その「たのむ」とはなお自力の信心であり、それは「もらう」または「まかす」と表現すべきであるといいつのり、ことには西山浄土宗の教義を借用、模倣して、名体不二、願行具足なる名号を「もらう」こと、またはその名号が、私の心に「印現《いんげん》」（名号の印判を私の心に捺印されること）されることだと説き、さらにはまた、その大悲に「まかす」ことだといって、称名とは、信心獲得以後の報恩行であって、信心の以前に称名を語ってはならないといい、信前称後ということを主張しております。しかし、とすれば、親鸞さまが、

往生を不定におぼしめさんひとは、まづわが身の往生をおぼしめして、御念仏さふらふべし。

（『親鸞聖人御消息集』真聖全二、六九七頁）

と明かされる教言、そしてまた、いま直前に引用したところの、この親鸞さまの行信即一の教言は、いったいどう解釈するのでしょうか。まったく稚拙なる教義の誤解といわざるをえないところです。そしてまた、ここでいう大悲に「まかす」ということ、または名号を「もらう」ということ、さらにはその名号が、私の心に「印現」されるということは、具体的、経験的にはいかなる事態をいうのか。またどうしたら、そういう確かな経験が、私において成りたつのか。すなわち、どのようにして受領するのか、どうしたら印現するのか。真宗の仏道においては、もっとも肝要であるはずの、その信心体験の成立構造をめぐっては、何ひとつとして、具体的に教説するところはありません。

私たち人間が、外界の存在を知覚、承認する方法は、すでに上において明かしたように、視覚（眼）、聴覚（耳）、嗅覚（鼻）、味覚（口）、触覚（体）の五官によるわけで、それ以外に知覚する方法はありません。〈無量寿経〉では、阿弥陀仏に出遇い、それを経験するについては、心の眼によって見るという見仏の道（視覚）か、心の耳によって聞くという聞名の道（聴覚）の、二種の仏道しかないと明かしております。にもかかわらず、東西本願寺の伝統教学が、仏と出遇い、それを信知するについて、「たのむ」ことだといい、「まかす」ことだと明かし、さらにはまた、名号を「もらう」こと、名号が「印現」されることだというのは、この五官の中の何れの感覚器官にもとづいていうのでしょうか。そしてまた、そこでは信心開発の信の一念は、いかなる構造をもって成立し、その信心の相続は、いかように説明されるのでしょうか。伝統教学では、それらについてはまったく教示いたしません。もとよりそんな説明ができるはずもないでしょう。このように、「たのむ」とか「まかす」といい、さらには「もらう」、「印現」するというのは、しょせん何ら具体的な感覚器官にもとづく経験についていったものではなく、たんなる人間の意業、意識の中での、観念的な説明、言葉の遊戯でしかないわけでしょう。仏教では、こういう妄想を戯《け》論《ろん》といいます。

それでもなお、そんな観念的、抽象的な思考をもって、真宗信者を教化、指導するとは、具体的には、いったい何をどう教え、いかに導くというのでしょうか。この教団における真宗教学が、いかに稚拙にして、観念的であり、今日の時代、社会の現実から、遠く遊離しているかということが、よくよく知れてくるというものです。

その点、親鸞さまによって明示されたところの真宗における真実なる仏道とは、すでに上においていろいろと語ったように、まず何よりも称名念仏をもうすということです。そしてその称名念仏が、まことの称名となる時、すなわち、その称名がそのまま聞名となり、またその聞名が、まことの聞名となる時、その聞名はそのまま信心となるわけであって、真宗の仏道とは、帰するところは、称名、聞名、信心の道といわれるべきものだということを、よくよく領解していただきたいと思います。

三　三願転入の道

1　三願転入の表白

親鸞さまは、建仁元年（一二〇一）の二十九歳の春に、比叡山から下りて法然を訪ね、新しくその専修念仏の道について学ばれることとなりました。そしてまもなく、真実信心を開発して阿弥陀仏の本願海に転入し、その仏の「いのち」を生きていく身になられました。そのことについては、親鸞さま自らが、

然るに愚禿釈の鸞、建仁辛酉《けんにんかのとのとり》の暦、雑行を棄て本願に帰す。
（「化身土文類」真聖全二、二〇二頁）

と記録されています。そして親鸞さまは、その願海に転入した事態については、次のように表白されています。

ここをもって愚禿釈の鸞、論主の解義を仰ぎ、宗師の勧化によりて、久しく万行諸善

の仮門を出でて、永く双樹林下の往生を離る。善本徳本の真門に回入して、ひとえに難思往生の心を発《おこ》しき。しかるに、いままさに方便の真門を出でて、選択の願海に転入せり。すみやかに難思往生の心を離れて、難思議往生を遂げんと欲す。果遂《かすい》の誓、まことに由《ゆえ》あるかな。爰に久しく願海に入りて、深く仏恩を知れり。至徳を報謝せんがために、真宗の簡要を摭《ひろ》うて恒常に不可思議の徳海を称念す。いよいよこれを喜愛し、ことにこれを頂戴するなり。

（「化身土文類」真聖全二、一六六頁）

いわゆる三願転入の文です。この文のおよその意味は次のとおりです。

そこで愚禿なる親鸞は、インドの龍樹、天親菩薩の論説に学び、また中国、日本の祖師たちの教化をいただいて、すでに遠い過去に、諸善万行を修める第十九願の「仮門の道」をでて、双樹林下往生なる化土往生の誤まった心を離脱いたしました。そしてもっぱら、善本徳本としての、称名念仏を励む第二十願の「真門の道」に入り、ひとえに難思往生の心をおこして浄土を願生してきました。ところが、いままさに、その「真門の道」をでて、第十八願の選択本願の真実の仏道に転入し、すみやかに真門の難思往生の心をすてて、難思議往生なる真実報土に、確かに往生成仏することのできる身となりました。それについては、ついには必ず真実の仏道に入らしめようとする、第二十願の果遂の悲願は、まことに深い理由のあることで、そのような悲願に育てられ、導かれてこそ、いまの私があることです。かくして、ここに長く本願の世界に生かされて、深く阿弥陀仏の恩徳を知らさせていただく身となりました。いまはその尊い功徳に感謝するために、このように浄土真宗の法義の大切な文章を集めて、無上の仏恩を思いつつ、つねに称名念仏しているところであります。そして私は、いっそうこの浄土の教法を愛楽し、それをありがたく奉持いたします。

これが上に掲げた三願転入をめぐる表白の文のおよその意味です。それは親鸞さま自らが、長い求道遍歴の道程において、第十九願の「仮門の道」より第二十願の「真門の道」に廻入し、そしてまた、その第二十願の「真門の道」から第十八願の「本願の仏道」に転入していったという記録であり、またすでにその本願海に転入したあとの、真実信心を相続し、それを味解し、深化されていることの、感慨とその知恩報徳の表白の言葉です。

親鸞さまは、ここで自分自身の求道の歴程において、「仮門の道」から「真門の道」に廻入し、またさらには、その「真門の道」をでて「本願の道」に転入し、まことの仏道を成就、完結したといわれるわけです。そして親鸞さまによれば、その第十九願の「仮門の道」、第二十願の「真門の道」は、ともに阿弥陀仏の「悲願」（「化身土文類」真聖全二、一四三頁・一五八頁）にもとづくものであって、それはあらゆる人人をまことの本願念仏の道にまで、「悲引」（「化身土文類」真聖全二、一五八頁）し、または「誘引」（「化身土文類」真聖全二、一四三頁）するための、方便、手段として施設されたものであると領解されています。その点からすると、この三願、三種の仏道とは、阿弥陀仏の大悲、誓願において、三種類の道が、各別に計画、施設されているということではなくて、それは帰するところは、阿弥陀仏の本願にもとづくところの、ただ一筋の浄土往生をめざす仏道であって、それはもともと称名、聞名、信心なる本願念仏の行道について、多くの人人をその道に誘導するために、あえて第十九願の「仮門の道」と第二十願の「真門の道」を、方便、施設されたものである、というべきでありましょう。

すなわち、私において、浄土の仏道が成立するためには、先ずその基本的な条件としては、自己の存在と現実の世界に対する厳しい内省によって、この世界のあらゆる世俗的な価値を全面的に相対化しつつ、いちずに浄土を願生し、悪業を廃し善行を修めていこうとする、確かなる願心をもつことが肝要です。いまの第十九願の「仮門の道」とは、まさしくそのような浄土をめざして生きるという思念、願心を育てるための方便道にほかなりません。そしてまた、そのような浄土願生の道を生きて、まさしく阿弥陀仏に値遇し、その大悲にめざめていくためには、何よりもその仏道において、徹底して自己自身が根源的に否定されていき、自執の心、自我の心が崩壊していくことが要求されますが、そのことは煩悩多く、その日日を世俗のただ中に埋没して生きている私たち凡夫にとっては、まことに至難なことであります。しかしながら、その自執、自我を崩壊させるための、もっとも安易な方法が、日日において称名念仏を生活習慣化することです。第二十願の「真門の道」とは、まさしくそのような凡夫相応のリビングとしての生活念仏、生活習慣の行道として、方便、施設されたものであって、心してこの専称仏名の道を歩むならば、それが正しい角度をもって進行していくかぎり、それは果遂の道として、ついには必然的に、自我の崩壊をともなって本願真実の道に入り、まさしく阿弥陀仏に値遇することができるというのです。

親鸞さまは、このような自己自身の求道遍歴の体験をとおして、第十九願の「仮門の道」と、第二十願の「真門の道」を、本願真実なる念仏信心の道に誘引するための、阿弥陀仏の大悲にもとづく方便の道であると領解されたのです。

かくして、この三願転入の道とは、親鸞さまが歩まれた道であるとともに、本願真実の念仏信心の道を学ぼうとするものにとっては、その仏道の根本的な構造として、ひとしく経過すべきものであると思います。

このような三願転入の行道をめぐっては、従来、それは真実信心を獲得するための必然の経路であるとする見解と、そうではなくて、それはたんなる真宗教義について語ったものであるという見解がありますが、それについての私の見解は、真宗の仏道というものは、基本的には、このような三願転入の構造をもつものであると考えます。ことに現代においては、求道者個人の性格や環境などによっては、その「仮門の道」の内実がもつ意味内容は、倫理道徳から社会的実践を含めて、多様に解釈されるべきであると思います。しかしながら、その「真門の道」として、リビング念仏、生活念仏、生活習慣行としての称名念仏は、真宗の仏道を歩もうとするものにとっては、絶対不可欠なる道であると思います。

ことに今日においては、東西本願寺とも、その僧侶にして称名念仏するものが少なく、またその門信徒に対する教化、伝道においても、ほとんど称名念仏を策励することがなくなっているようですが、これでは真宗ではありません。浄土真宗とは、親鸞さまが、

念仏成仏する、これ真宗なり。（『入出二門偈』真聖全二、四八三頁）

浄土真宗のならひには、念仏往生とまふすなり。（『一念多念文意』真聖全二、六一九頁）

などと明かされるとおりです。すなわち、浄土真宗の仏道とは、上において繰りかえしてもうしたように、称名、聞名、信心の道であります。

なお紙数の関係で詳細は説明いたしかねますが、東本願寺の清沢満之が、

道徳的実行の出来難き事を感知するよりして宗教に入り、信心を得る道に進む様になる。（中略）終に倫理道徳の思ふ通りに行ひ得らるるものでないことを感知する様になるのが、実に宗教に入る為の必須条件である。

（「宗教的道徳（俗論）と普遍道徳との交渉」『清沢満之全集』（法藏館）第六巻、二一九頁）

といって、倫理、道徳の実行しがたいことへの感知、自覚においてこそ、仏法に帰入することとなるといったのは、その「仮門の道」から「真門の道」への廻入を意味するわけで、彼はさらに、その「真門の道」から「本願の仏道」への転入の道が、称名、聞名、信心の道であるということは、まったく領解してはおりません。したがって、親鸞さまが教示されたところの、真実信心の開発にもとづく、まことの自立、その人格主体の確立ということは望むべくもなく、彼が、

此に至ると、道徳を守るもよい、知識を求むるもよい、政治に関係するもよい、商売するもよい、漁猟をするもよい、国に事ある時は銃を肩にして戦争に出かけるもよい、（中略）それで私は宗教的信念を得た者が、総ての世間のことに対する態度を、蓮如上人が、「王法をもて本とし、仁義をさきとして、世間通途の儀に順じて、当流安心をば内心にふかくたくはへて」と云はれたのは、最もありがたい規矩であると思ひます。

（「宗教的信念の必須条件」『清沢満之全集』（法藏館）第六巻、一四四～一四五頁）

と明かして、近代の真宗教団が主張したところの、真俗二諦論なる誤まった社会的実践論を、全面的に肯定したのは、またその必然でもあったわけでありましょう。

2　果遂の誓い

親鸞さまが、ことにこのように、この三願の念仏について、その真実と方便の論理を明らかにしようとされたのは、法然の没後、その門下における念仏理解がさまざまに混乱し、分裂していったことについて、自身の求道遍歴の体験にもとづいて、法然の念仏義をより徹底し、本願念仏の行道を、より鮮明化することをめざされたものでありましょう。そして親鸞さまは、自己自身の求道体験にもとづいて、この三願の真実と方便の中では、とくに第二十願真門の道と第十八願本願の道との関係が、もっとも中心をなすものと考えられました。

親鸞さまは、その第二十願真門の道について、「化身土文類」には、

それ濁世の道俗、すみやかに円修至徳の真門に入りて、難思往生を願ふべし。

（真聖全二、一五七頁）

と明かして、真門の道に帰入することを勧励しながら、その真門の道には、雑心の道と専心の道があるといって、その雑心と専心について厳しく批判されます。すなわち、その雑心とは、

大小凡聖、一切善悪、おのおの助正間雑の心をもって名号を称念す。まことに教は頓にして根は漸機なり。行は専にして心は間雑す。ゆえに雑心といふなり。

（真聖全二、一五七〜一五八頁）

と語られるように、称名念仏行と、そのほかの行業をまじえる心をもって、阿弥陀仏の名号を称念することをいいます。そしてそのことは、学んでいる教法は真実でありながらも、それを学ぶ主体が、いまだ徹底せず、真実になっていないということであり、また行じている行体そのものは真実でありながらも、それを行ずる主体の心相がいまだ徹底せず、真実になっていないということで、だからそれを雑心というと明かされます。

そしてまた、その専心とは、

罪福を信ずる心をもって本願力を願求す。これを自力の専心と名づくるなり。

（真聖全二、一五八頁）

と示されるように、自分の煩悩の心や、自分の罪業にこだわって、往生に不安をおぼえるところの「信罪の心」や、自分が修めた念仏や善根を当てたよりとして、自己満足する「信福の心」にもとづいて、阿弥陀仏の本願の救いを求める心をいいます。だから、それをことに専心と説かれるわけです。ことにこの「信罪の心」と「信福の心」、「罪福を信ずる心」とは、もとは『無量寿経』（真聖全一、四三頁）に見える語ですが、その内実については、すでに上にも述べたように、「信罪心」と「信福心」のことで、称名念仏しながら、自分自身の自執の心を捨棄しえないままに、自分で自己自身の在りようの善と悪とを、自己計量する心、「はからい」の心をいうわけです。

しかしながら、私たちの心というものは、その内実を問うかぎり、決して「これでよし」というように、充分に辻褄《つじつま》があうものではありません。そのような私の虚妄な心はさておいて、とにもかくにも念仏をもうすのです。そして私の手元、私の心を見て思いわずらうのではなく、阿弥陀仏の大悲、浄土の光明を仰ぎ、それに焦点を合わせながら、ひたすらに聞法し、念仏していくのです。そして私の人生におけるいかなる善悪、吉凶禍福の出来事も、そのすべてを、私が念仏をもうす助縁とうけとめて、いよいよ称名念仏を大切に生きていくことが肝要です。

そこでその第二十願真門の道をめぐっては、親鸞さまは、この願を、ことに「不果遂者の願」（『化身土文類』真聖全二、一五八頁）と呼ばれていますが、この第二十願は、古くは智光によって「三生果遂の願」と呼ばれ、法然もそれを継承して、「三生の内にかならず果遂すべし。仮令《たとえ》通計するに、百年の内に往生すべき也」（『西方指南抄』真聖全四、一三一頁）と明かして、この第二十願真門の道を歩むものは、三生、百年の内には、必ず往生せしめようという、来世にかけた誓願であると理解されております。しかしながら、親鸞さまは、それを今生における行道の利益、結果として捉え、「果遂」の語については、「果し遂げずばといふは遂に果さむとなり」（『浄土三経往生文類』（広本）真聖全二、五五八頁）と明かして、心をこめて称名念仏していたら、この生涯において、必ず真実、本願の世界に転入できると領解されております。

親鸞さまは、すでに上に見たように、真門の行道に帰入すべきことを勧めていられるわけですが、そのことは、この真門の行道を歩むならば、この今生において、ついには必ず果遂して、本願念仏の世界に至りうるという、確かな自己領解があったからでしょう。ことにその『九願文』によりますと、この第二十願文について、

この願は、自力の念仏のもの遂に生まれしめんとなり。

（『親鸞全集』〈法藏館〉第二巻　漢文篇、一七九頁）

とも明かされていますが、このこともまた、上の文に連なる発想にもとづいて教示されたものでありましょう。ここでいう「遂に生まれしめん」とは、報土往生をいうわけで、それが今生における仏道の利益、完結を意味していることは明瞭です。

そのことをめぐって、もっとも明瞭に教示されるものが、『浄土和讃』「大経讃」の中で、第二十願文の意趣について明かされた、

定散自力の称名は　果遂のちかひに帰してこそ　おしへざれども自然に　真如の門に転入する。

（真聖全二、四九三頁）

という和讃です。ここでいう「定散自力の称名」とは、第十九願仮門の道における、定善、

散善などの諸行と同格なる行業、雑行としての自力の称名をいいます。次の「果遂のちかひ」とは、その左訓に、「自力の心にて名号を称へたるをば、つひに果し遂げむと誓ひたまふなり」（『親鸞全集』〈法藏館〉第二巻　和讃篇、四一頁）と記されているところで、それは自力の心をもって修めている雑修としての称名も、ついには真実の称名念仏にまで育てあげ、果たし遂げさせようという、阿弥陀仏の第二十願のことです。かくしてその第二十願の念仏一行の仏道に帰入するならば、自力の心で称名念仏していても、その焦点が的確に定まっているかぎり、やがてついには、真実なる他力念仏の境地がひらけてくるということを意味します。そして次の「おしえざれども自然に　真如の門に転入する」とは、実はこの文には典拠があって、善導の『般舟讃』に、「不覚転入真如門」（真聖全一、六九〇頁）と明かす文にもとづいていることが考えられます。ここでは「覚」の字が、「教」（おしへ）と訓まれているわけです。とすると、この「不覚」とは、教えなくても、それ自身の必然としてということになります。

しかしながら、親鸞さまは、この第二十願の真門の道については、その「化身土文類」の真門をめぐる教示（真聖全二、一六二〜一六五頁）において、『無量寿経』、『大般涅槃経』、『大方広仏華厳経』などの多くの文を引用して、善知識に値遇し、その教導をうけることの大切さを、繰りかえして強調されているところで、その「おしえざれども」という文とは、まったく矛盾することとなります。それについてはどのように考えるべきでしょうか。そのことについては、たとえ「おしえざれども」といったとしても、真門の念仏が何らの導きもなくして、ひとりで本願真実の念仏になっていくはずはありません。そこには当然に、先師、善知識による厚い教導があればこそでしょう。ただ親鸞さまが、ここで「おしえざれども」といわれるのは、ここでいう「おしえ」とは、たんなる教義、理論の教授とその学習についていったものではなく、むしろ真門の道を歩むについては、その称名念仏において、自己自身の自我、自執の心が、いかに根源的に否定され自己崩壊していくか、ということが問われてくるわけです。すなわち、ここで学ぶべきことは、摑《つか》むことではなくて、放《はな》すことです。求めることではなくて棄てることです。そしてその自己否定、自我放棄においてこそ、はじめて阿弥陀仏が、私にとって現成してくるのです。

その意味において、ここで先師が教導するということは、何かをさらに付加し、教授するということではなくて、むしろその反対に、自執の否定、自我の放棄を、いっそうよく成りたたしめていくために、援助していくことにほかなりません。いま親鸞さまが、先師の教導の重要性を語りながら、他面において、このように「おしえざれども」と明かされたのは、この真門の念仏が、まさしくそういう自我の崩壊を契機としてこそ、よく真実の念仏に転じていくことについての、こまやかな機微について教えられたものと思われます。

すなわち、第二十願真門の道において教導されるべきことは、新しく智識、智恵を身につけることではなくて、いかにして自己自身が、その自我を放棄し、それを捨離していくかということです。だからこそ、ここでは教導の重要性を強調しながらも、同時に、その教授を否定する論理が語られているわけでしょう。このことは、自力の念仏が他力の念仏として、脱落し脱底していくこと、私の念仏が、そっくりそのまま、仏の念仏、仏の呼び声と聞えてくるようになるについての、まことに貴重にして重要な教示であります。

なお親鸞さまは、この和讃において、ことに新しく「自然に」という語を添えられるわけですが、この自然とは、

自然といふは自はおのづからといふ、行者のはからひにあらず、しからしむといふことばなり。然といふはしからしむといふことば、行者のはからひにあらず。如来のちかひにてあるがゆへに。（『自然法爾章』真聖全二、五三〇頁）

などと明かされるように、「おのずから」、「はからわず」、「しからしむ」などという意味をもつ言葉で、それはさらにいうならば、「如来のちかい」の働きのことを意味します。そしてまた、「真如の門に転入する」という語には、「法身のさとりをひらく身とうつりいるとまふすなり」（『親鸞全集』〈法藏館〉第二巻　和讃篇、四一頁）と左訓されていますが、ここでいう「法身のさとり」とは法性法身の「さとり」のことで、それは法性真如なる究極

の真実の世界に入ることを意味します。かくしてここでいう、「おしえざれども自然に真如の門に転入する」とは、この第二十願真門の道を歩むものは、新しく教義、理論を学ぶことはなくても、その称名念仏を徹底、深化していくならば、やがてついには、その自己放棄、自我崩壊をとげて、本願他力なる真実の境地に、よく転入することができるということを明かすものであありましょう。

3　自我の崩壊

すでに上において明かしたように、真門の自力念仏が、真実なる他力念仏に転じていく、私における称名念仏が逆転して、私における聞名念仏となっていく、すなわち、真実信心が開発してくるについては、何よりも、私における自執の心、自我の心が、決定的に崩壊していくことに即してこそ、よく成りたってくるわけであります。

そしてそのような自我の崩壊が、私において成立するについては、さまざまな契機があるわけで、それについては、きわめて明確な自我崩壊という自覚をともなう頓機の場合と、そうではなくて、いつの間にか崩壊していたという漸機の場合がありますが、そのことは、それぞれの個人において、またはその人を取りまく環境、人生事情によるところですが、私の経験にもとづくところでいえば、その基本的な契機としては、⑴死苦、⑵罪業、⑶教言、⑷教導、⑸念仏、などがあるように思われます。

その第一なる「死苦」とは、自分の死に直面して、その恐怖、苦悩をよく克服していくためには、何よりも宗教的な真実体験をもつほかはありませんが、そのような究極的な宗教的体験をもつについては、私における自執の心、自我の心が、根源的に崩壊し、それが捨棄されることが肝要です。たとえば、最近に私の身近で経験したことですが、ある四十歳代のサラリーマンが、突如として癌の末期を宣告され、若い妻と子供を残して死ぬわけにはいかないと、泣き叫んでいましたが、何の解決もえずにそのまま死んでいきました。これでは死苦に対する解決は何ら成立するはずはありません。むなしく死に敗北して死んでいったということです。あなたは自分の死に対する確かな用意、覚悟ができていますか。そういう死苦を克服するためには、宗教的な真実を体験する、真宗でいえば阿弥陀仏に出遇うという体験が肝要ですが、それについては、何よりも、自分自身が宿すところの自執、自我の心、この場合でいえば、生に対する執着の心を、根源的に放棄することが必要であります。

私の妻は、かつて大腸癌の手術をしたあと、それが転移して肺癌で死亡しましたが、生前はよく仏法を学んでおりました。私は京都では、若いころより今日まで、六十年間にわたって毎月に仏法を語り、またそのほかに毎月に聖典学習会を開き、また広島の自坊でも、いろいろと法話を重ねてきましたが、私の妻は、そのほとんどを欠かすことなく聴聞してくれました。私の法話を、もっとも数多く聞いてくれたのは私の妻でありました。だからいつも大きな声で念仏をもうしておりましたし、ことに病気になってからは、「いつも仏さまといっしょだから、死ぬのは怖くないよ」といっておりました。まさしく死苦と向かいあい、よく自我、自執の心を離れて、仏の「いのち」をいただいて生きていたわけでしょう。そして最後には、国立病院の緩和ケア病室に入院し、至れり尽せりの看護をいただいたわけですが、その入院の前に、「また来世でも夫婦になろうね」と、何度もいいました。私自身は、自分の信念をとおして勝手に生きて、世の中からはいろいろと非難され、そのために妻にもいろいろと迷惑と苦労をかけたわけですが、改めて妻からそういわれて、波瀾万丈の私たちの人生ではありましたが、それなりに仕合わせであったのかと、ありがたいことだと思ったことです。まもなく三回忌の法要を勤める予定ですが、妻をいつまでも待たしてはわるいので、そろそろ往ってやりたいと思う、今日このごろの感慨です。

そして第二の「罪業」の問題については、この罪業の自覚をとおして、我執の心を放棄したという話は多く聞かれるところですが、いまは私の経験についてもうしましょう。私は小学校のころに、幼くして母と死別しました。そしてその年に、新しい母がやってきました。その母はとても厳しく、家の中の歩き方から風呂への入り方まで、ことこまかにやかましくいわれて、私はどれほど悲しく思い、一人で泣いたことでしょうか。いまなら家出ということもありましょうが、当時はすでにアジア・太平洋戦争がはじまって、ホテルに泊るのにも、米を持参しないと受付けてもらえないという時代ですから、それもかなわず、ただただ耐えるほかはありませんでした。ことに私は寺院の後継ぎということで、周囲の人人の関心が強かったので、それに配慮しつつ、新しい母には従順でありましたが、その反動で、父親に対しては徹底して反抗いたしました。父親とのすべての対話を拒絶し、父親はいつも悲しそうな顔をしておりましたが、いっさいを無視してきました。まさしく家庭内父子断絶です。そして私はそのまま中学校を了えて大学に進学し、やがて学徒徴兵され、十八歳にして北海道旭川の砲兵部隊に入りました。そしてそこではアメリカ空軍の襲撃をうけ、九死に一生をえて今日があるわけです。そして敗戦後の私は、思想的に混迷し、さまざまに懊悩した末に、いままでの大学をやめて京都に上り、仏法を求めましたが、良き縁にも遇えず、改めて龍谷大学に入学しました。そしてその二年生、二十一歳の秋の夜ふけ、京都東山の下宿の二階で、親鸞さまの『教行証文類』の「信文類」に引用される『大般涅槃経』の文、インド王舎城の阿闍世太子が、父王を殺害して王位を奪ったあと、その罪業の深刻さに気づいて、さまざまに煩悶し、ついには釈迦仏の教化をうけて廻心懺悔し、「天身」なる新しい人格主体に向かって、脱皮、成長したという物語を、いろいろな参考書を手引きにして読みすすめていました。そしてその途中、父王を殺害したという阿闍世太子とは、この私のことではないかと思いあたりました。そして今日まで父を苦しめた親不孝の罪業について深く内省し、嗚咽《おえつ》の涙が滂沱《ぼうだ》として流れ、思わず大声で称名念仏をもうしました。まさしく長い間、自分の胸中に鬱屈《うっくつ》していた父親に対する憎悪の念、自執、自我の心が、一気に崩壊する思いでありました。私はそののちに、田舎の両親に宛てて、長い詫び状を認めましたが、私はそれを契機として、人間が変わりました。そんなことをいうと、周囲の人人からは笑われるでしょうが、私はほんとうに、それからすっかり変わりました。そしてまた、私が変わると同時に、母もまた大きく変わりました。これは私における我執崩壊の体験ですが、そのことはまた、私の廻心体験の成立でもありました。

そして第三の「教言」とは、仏法を学び、仏法を生きるについては、ある特定の教言、自分の人生にふさわしいと思う教えの言葉を選んで、その教言を思いおこし、思いおこしつつ生きていくならば、そのことを契機として、我執が崩壊し、廻心体験が成立してくるということです。そのことについては、かつて私が四十歳代のころ、未知なる大阪の柏原市の高津さんという婦人からお手紙をいただきました。それによりますと、私は若いころから仏法、念仏の縁に恵まれ、ある師匠に導かれて廻心体験し、また日日お念仏の日暮しをしておりますが、その師匠が、いつもいつもいわれたことは、「仏法に遇うとは嘘に遇うことだ」ということでした。とにもかくにも嘘に遇え、嘘に遇うたら仏に遇えると、いつもいつも教えてくださいました。嘘が嘘とわかるのは真実に遇えばこそです。真実に遇うことのほかに嘘を嘘と知ることはできません。しかしながら、私たちはただちに真実に遇うことはできません。嘘ならこの世の中、私の人生の中にはいっぱいあります。その嘘に遇うこと、嘘に気づくことをとおしてこそ、真実に遇えるという教えです。それで師匠さまが亡くなられる時に、私はこれから誰を師匠として生きていったらよいでしょうかと尋ねたら、師匠さまは、また私と同じことをいう人がでてくるだろうから、その人に導いてもらって、仏法を学びなさいといわれました。しかしながら、いつまでたっても、そういう厳しい教化をいただける方には遇えませんでしたが、このたび貴方の法話集を読んでいたら、同じことが書かれていましたので、亡くなられた師匠におめにかかれたように嬉しく思いました、という手紙でした。この方は、それから京都にも訪ねてくださり、深い仏縁の交流に恵まれましたが、その師匠さんとはどなたですかと尋ねたら、田舎で鍬《くわ》や鎌《かま》を作っていた、大原さんという鍛冶屋さんですということでした。まことにすばらしい善知識です。この婦人は、その善知識からいただかれたこのような「嘘に遇え」という教言を、自分の人生の最大のテーマ、公案と定め、それを基軸として生きてこられ、ついに、見事に嘘に遇い、阿弥陀仏に出遇われたわけです。こういうかたちの自我の放棄ということもあるわけです。

そしてまた、第四の「教導」によって自我を放棄するということについては、七里恒順師の門弟であった、三重県高田の村田静照師の法語集『ねぐさり』の中に、こんな話が伝えられています。昭和初期のころのことですが、この高田に鉄道の小さな駅がありました。その駅長さんの話です。ある晩のこと、この駅長さんが静照師の寺を訪ねて、私はここの駅に勤務しているものですが、この駅は不思議な駅で、ここでは荷物についても、人間関係のことについても、まったく争いごとがありません。しかもまた、この駅に乗り降りする人の多くが、いつもお念仏をもうされております。まことに珍しい土地だと思います。聞けば、そういうことは、すべて和上《わじょう》さまの御教化、御指導によるものだということで、心から感服いたしました。ついては私が、この駅に勤務させていただいたのも、何かの仏縁と存じますので、私にも仏法を教えてください、私も本気になって仏法を学びたいと思いますので、どうぞよろしくとお願いしました。

すると静照師は、その駅長の言葉をだまって聞いておられましたが、よくわかりました、貴方がそれほどまでに心を定めて、熱心に仏法を聞こうというのなら、この私も本気で貴方に仏法を伝えましょう、ついては、明日から毎日午前中にこのお寺に来てください、私も心をこめてお待ちしております、といわれました。ところが、駅長は、その話を聞いて驚き、ちょっと待ってください、毎日午前中に参上するということになったら、私は駅長を辞めねばなりませんが、私には妻も子供もおり、その生活の面倒も見なければなりませんので、それでは困ります。夕方からなら毎日でも参上いたしますから、どうぞそのようにお願いしますともうしたら、静照師は言下に、貴方は仕事の合いまに仏法を聞こうといいますが、仏法とは、そんな安《やす》ものではありません。本気で仏法を学ぼうとされるなら、駅長を辞めておいでなさい、と答えられました。駅長は、そこを何とか許していただいてと、何度も懇願しましたが、静照師は、厳《げん》として、仏法とはそんな安ものではありませんといわれるばかりでした。そこで駅長は、それではもう一度よく考えてまいりますといって辞しましたが、それからおよそ一週間後に、この駅長は再び静照師を訪ねてきました。そして駅長がいうには、あれからいろいろと考えましたが、やっと駅長を辞める決心がつきました。いまここにこうして辞表を持参いたしました。これを明日、大阪の本部に提出いたしますので、どうぞよろしくお願いいたしますと、頭を深深とさげました。その言葉を聞かれた静照師は、よくぞそこまで決心されました。それなら私も本気になって、貴方に仏法を伝えましょう。ただし、あれから私の都合が変わって、私は午前中は忙しいので、毎日夕方からおいでください、そうすると駅長を辞めたら、昼は用事がなくなるだろうから、夜に仏法を学ぶための暇つぶしに、その暇をつぶすために、いままでどおりに、駅のプラットホームに立っていてはどうですか、といわれました。

まことに見事な化導です。この駅長が、辞表を書いてまで仏法を聞こうと思ったというところで、すでにその自執、自我の心は完全に放棄されたわけでしょう。これほど見事に自我、自執の心が崩壊したところでは、改めて仏法は聞かなくても、仏法の肝要は、もうこの駅長には充分に伝わっているわけでしょう。改めて静照師の教導の絶妙さが、深く味わわれるところです。ちなみに、その法話集では、駅長の名前は記されておりませんが、この駅長は、いまは東京の鉄道省の偉い人になってござる、とだけ記されております。

そしていまひとつの第五の「念仏」による自我の崩壊については、その日日に、仏壇への礼拝、憶念とともに、称名念仏するという三業奉行を、自分の生活習慣行として相続していくならば、その必然として、称名念仏している自分自身の実相、ありのままなる現実相があらわとなり、自覚されてくるようになります。自己自身の客観化の成立です。もともと称名念仏とは、世俗の存在である私が、その世俗を超えた出世の世界に向かって心を傾け、その仏名を称念するという象徴行為です。かくしてそこでは、必然的に、浄土の世界からの厳しい逆照射、問いかけが生まれてきます。それはあたかも鏡を見るようなもので、私が鏡を見るならば、それに即して、鏡が私を見ることとなります。かくしてそこでは、その鏡を媒体として、私が私の実相を見ることとなります。まさしく私の客観化です。いまも私が阿弥陀仏の名号を称念しつつ生きていきますと、その称名念仏を媒体として、私が私を客観化し、私のありのままなる実相が知られてくることとなります。

もともと私たち人間とは、何の意志もなくして、この世に生まれてきたものです。だから、私はいったい何のために生きるべきか、まったくわかりません。私たちの人生とは、ほんとうは何の目的もない人生なのです。しかしながら、人間が社会的な生活を営むようになると、世間の動きに刺戟されて、自分もまた、何かの生きる意味、目的をもつようになってきます。そして名誉や地位の獲得のために、また金銭や財産の入手のために、さらにはまた、愛情や人間関係を求めるなど、さまざまな価値を追求して、他人に負けないように努力いたします。

かくして、お互いに、自分の人生生活について、それぞれ目標を設定し、その自己実現に向かって、懸命に行動いたします。しかしながら、私たちの人生においては、その目標、希望というものは、なかなかうまく成就しません。その多くはむなしくついえていくものです。せっかく手に入れた幸福が、やがては色あせていくのも、この世のならいです。そしてまた、私たちの人生には、さまざまな苦難はつきものです。失望もあり、断念もあるものです。そういう障害に遭遇すると、もともと何の目的ももたない自分の人生が、厳しく問われてくることとなります。まして年老いてまいりますと、自分の周囲に存在していた価値も、だんだん消滅して、無化してまいります。かくして、自分の人生とは、いったい何だったのか。何の意味があったのかと、改めて空しく思うようになります。そのことは、もともとは何のために生まれたのか不明な人生が、再びその晩年において、自分の眼前に現われてきただけのことです。しかしながら、そのこともまた、自分の人生を振りかえってそう思うだけで、自分の人生とは、本来は何の意味もない空無であるという実相は、何ら自覚されることはありません。

ところが、仏法を学び、念仏をもうす身になると、その全相、そのすべてが見えてくるようになり、私の人生そのものの中には、もともと何の意味も存在せず、そのすべての人生が、虚妄、嘘であることが、よくよく知られてまいります。親鸞さまが、

煩悩具足の凡夫、火宅無常の世界は、よろづのこと、みなもてそらごと、たわごと、まことあることなきに、ただ念仏のみぞまことにておはします。

（『歎異抄』真聖全二、七九二～七九三頁）

と教言されるように、この世界とこの人生とが、すべて「そらごと」、「たわごと」であり、その全分が嘘であったと深く深く思いあたり、そのように「めざめ」てくるようになります。まさしく「嘘に遇う」ということであり、そのことはまた、「人生に辞表」を認める

ということでもありましょう。私の人生の現実とは、まさしくそういうことなのです。

そういう人生の嘘に遇う、そのように「めざめ」ていくということは、私たち凡人にとっては、ただひとつ、仏壇を大切にしながらその日日に念仏をもうして生きていくことによってのみ、はじめて成りたってくる境地です。念仏による自己崩壊とはそういうことです。そしてここにこそ、仏との出遇いが生まれてくるのです。そしてまた、その仏との出遇いにおいてこそ、私の人生における、まことの生きる意味が、そしてまた、生かされている喜びが、はじめて深く深く実感されてくるようになるのです。

親鸞さまが教えられた真宗念仏とは、そういう自執、自我の心を崩壊せしめていく働きをもつものです。私における日日の称名念仏とは、そういう自我の崩壊が成りたつまで徹底されるべきで、日ごろにおいて、称名念仏をしながらも、そのことが成立しないような念仏とは、まさしくカラ念仏というほかはないでしょう。

四　称名成仏の道

以上述べてきたように、真宗における仏道とは、まさしく念仏して成仏していく道、称名成仏の道であります。親鸞さまが、「念仏成仏するこれ真宗なり」（『入出二門偈』真聖全二、四八二頁）と明かされるとおりです。そしてまた、親鸞さまは「正信念仏偈」にも、「本願の名号は正定の業なり」（真聖全二、四三頁）と説かれるところです。親鸞さまは、この文を解釈して、「本願名号正定業といふは選択本願の行といふ也」（『尊号真像銘文』真聖全二、六〇〇頁）と語られますが、ここでいう「選択本願の行」とは、その「行文類」の冒頭、および「正信念仏偈」の偈前の文にも明らかなように、私における称名念仏を意味するところであって、その「行文類」のはじめに、〈無量寿経〉の文を十三文引用したあとに、それを承けて、

しかれば、名を称するに、よく衆生の一切の無明《むみょう》を破し、よく衆生の一切の志願を満てたまふ。称名は則ちこれ最勝真妙の正業なり。（真聖全二、八頁）

と主張されるとおりです。そしてまた、親鸞さまは、その称名念仏については、

信と行とふたつときけども、行をひとこえするときききてうたがはねば、行をはなれたる信はなしときききて候。又信はなれたる行なしとおぼしめすべし。（『末灯鈔』真聖全二、六七二頁）

と教示されるように、まことの信心とは、つねに称名念仏を含んで成立するわけで、真宗における信心とは、決してそれ自身単独で成立するものでなく、必ず称名念仏に即してこそ、成立し相続されていくものです。しかしながら、最近では、真宗僧侶にして、その日

日に称名念仏をすることもなく、したがってまた、門信徒に対しても、称名念仏を勧励することをしないものが多くなったようですが、そんなことで何をどう教化、伝道するというのでしょうか。真宗信心そのものが、いっそう観念化、形骸化してきたことの、何よりの証左でもありましょう。親鸞さまの、

ねてもさめてもへだてなく　南無阿弥陀仏をとなふべし。

（『正像末和讃』真聖全二、五二二頁）

という教言を、どう領解するのでしょうか。その意味においては、すでに上の第二章で明かしたように、真宗における仏道とは、称名、聞名、信心の道であるわけです。

かくして、真宗における仏道とは、称名に即する信心、信心に即する称名において、よくこの現生においては、「現世往生」をえて、まさしく「仏に成るべき身と成って」いき、後生、来世には、まことの「成仏涅槃」を成じることをうるわけであります。

（二〇一三年二月二三日、於ロスアンゼルス別院、開教使対象講義）

第四章　信心の道

一　親鸞における信心の性格

1　仏教における信心の意味

仏教で語られる信心の意味については、天親（Vasubandhu　三二〇～四〇〇ごろ）が著わした部派仏教系の『阿毘達磨倶舎論《あびだつまくしゃろん》』によりますと、

信とは、心の浄《きよ》らかさである。他の人々は（言う）――（四つの）真理と、（三つの）宝（仏陀とその教法とその僧団）と、行為と（その）果報（との間の因果関係）と、に対する確信である、と。（梵本・桜部建訳『世界の名著』二、三六八頁）

と明かして、その信の意味には、第一義的な意味と第二義的な意味があって、信の第一義

的、基本的な意味は、心が澄浄になることであるといい、その第二義的、付随的な意味は、四諦、三宝、業の因果について確信することであるといいます。そしてまた、大乗仏教においては、護法（Dharmapāla　五三〇～五六一）の『成唯識論《じょうゆいしきろん》』によりますと、

いかなるを信となすや。実と徳と能とにおいて、深く忍じ楽欲して、心を浄ならしむるをもって性となし、不信を対治し善をねがうをもって業となす。（中略）忍とはいわく勝解なり。これすなわち信の因なり。楽欲はいわく欲なり、すなわちこれ信の果なり。たしかにこの信の自相をのぶればこれ何ぞや。あにさきにいわずや、心を浄ならしむるをもって性となす。（大正三一、二九頁）

と説いて、仏教における信とは、実と徳と能とに対して、深く信認し、楽欲し、心が浄となることであるといいます。これは上に見た『倶舎論』の内容を、さらに詳しく説明したもので、ここでいう実を信じるとは、『倶舎論』の四諦をうけていうもので、世界人類に貫徹する普遍的な根本原理を信じることをいい、徳を信じるとは、『倶舎論』の三宝をうけていうもので、仏と法と僧の三宝について信じることをいい、また能を信じるとは、『倶舎論』の業の因果をうけていうもので、修すべきところの私の善行の果報について信じることをいいます。そしてそれらの信については、勝解、信認の意味があるが、それは信心の因にあたり、またその信には、楽欲、意願の意味があるが、それは信心の果であっ

て、まさしき信心の自相とは、心が澄浄になることであると明かします。かくして、仏教における信心とは、部派仏教においても、また大乗仏教においても、ともに因の意味をもつ信認性と、果の意味をもつ楽欲性を同時にともないながらも、そのまし き性格は、まったく主客一元論的、主体的な心が澄浄になった状態、そういう境地をいうわけです。そしてここで「心澄浄《しんちょうじょう》」と明かされるものは、そのサンスクリット語の原語にかえしていいますと、チッタ プラサーダ（citta prasāda）であり、そのことは「心が澄んで喜びが生まれる状態」を意味して、それは三昧《さんまい》（サマーディ samādhi・定心）にも重なるといわれます。

その点、仏教における信心とは、きわめて知的な性格が強いもので、それは知性と矛盾、対立するものではありません。そのことは、キリスト教において語られる信が、まったく主客二元論的、対象的な、知性的な性格を排除したところの信として、たとえば、テルトゥリアヌスが、「不合理なるがゆえに、われ信ず」といい、またパスカルが、「信仰とは賭《かけ》である」というものとは、まったく相違します。

そこで、次に真宗教義の原典としての〈無量寿経〉の第十八願文およびその成就文には、この信心が、どのように教説されているかということですが、そのもっとも原形の〈初期無量寿経〉の『大阿弥陀経』によりますと、『無量寿経』の第十八願文に相当し、その原

点ともなったところの第五願文によりますと、

もし前世に悪を作すに、我が名字を聞きて、我が国に来生せんと欲はん者。

（真聖全一、一三七頁）

と説きますが、その直前の第四願文では、そのことにかかわって、

我が名字を聞きて慈心せざるはなけん、歓喜踊躍せん者、皆我が国に来生せしめん。

（真聖全一、一三七頁）

と明かしております。ここでいう「慈心」といい、「歓喜踊躍」というのは、その流通分《るずうぶん》によりますと、

阿弥陀仏の声を聞き、慈心歓喜して一時に踊躍し、心意浄潔に、

（真聖全一、一八二頁）

と説いており、またそれに相当する『サンスクリット本』の流通分の文と照合しますと、その「慈心歓喜」、「心意浄潔」とは、基本的には、信心（チッタ プラサーダ・心澄浄）を意味するものと考えられます。すなわち、これらの経文は、私たち不善作悪者なる凡愚の成仏道とは、ひとえに阿弥陀仏の名号を聞くことによって、よく信心（心澄浄）を開発していく道であることを明かしているわけです。そしてこの『大阿弥陀経』の第五願文の思想が、深化し展開することによって成立したところの、〈後期無量寿経〉の『無量寿経』

の第十八願文とその成就文では、

心を至し信楽して我が国に生まれんと欲いて乃至十念せん。

（真聖全一、九頁）

その名号を聞きて信心歓喜せんこと乃至一念せん。

（真聖全一、二四頁）

と説いて、「一念」ないし「十念」の「信楽」、「信心歓喜」を明かし、またその『如来会』の第十八願文とその成就文では、

我が名を聞きて己れの所有の善根、心心に廻向せしむ、我が国に生まれんと願じて乃至十念せん。

（真聖全一、一九〇頁）

無量寿如来の名号を聞きて乃至よく一念の浄信をおこして歓喜せしめ。

（真聖全一、二〇三頁）

と明かして、「一念」ないし「十念」の「浄信を発す」べきことを語り、何れも阿弥陀仏の名号を聞くことによって、「一念ないし十念」の「信楽」、「信心歓喜」、「浄信」、「歓喜」を開発するならば、よく浄土に往生をうると説いているわけです。そしてまた、その『サンスクリット本』における第十八願文相当の文（第十九願文）と、その第十八願成就文相当の文によりますと、

わたくしの名を聞いて、かしこの仏国土に対して心をかけ、〔そこに〕生まれるためにもろもろの善根をさし向けるとして、（中略）たとえ十たび心を起こすことによって

でも、

かの世尊アミターバ如来の名を聞き、聞きおわって、たとえ一たび心を起こすだけでも、浄信にともなわれた深い志向をもって心を起こすならば、
（藤田宏達訳『梵文和訳　無量寿経・阿弥陀経』〈法藏館〉六二頁）

（藤田宏達訳『梵文和訳　無量寿経・阿弥陀経』〈法藏館〉一〇八頁）

などと明かしておりますが、ここでも阿弥陀仏の名号を聞いて、「一たびの心」または「十たびの心」をおこして、「浄信にともなわれた深い志向をもって心を起こす」ならば、よく不退転地に住し、浄土に往生をうることができると語っているわけで、ここでいう「浄信」とは、明らかにチッタ　プラサーダ（心澄浄）を意味しております。すなわち、阿弥陀仏の、私たち凡愚を対象として誓願されたところの、本願文とその成就文によるならば、私たちが、今生において不退転地に住し、やがて来世には浄土に往生して成仏する道とは、ひとえに阿弥陀仏の名号を聞くことによって、「一念」ないし「一たびの心」、「十念」ないし「十たびの心」なる、「信楽」、「信心歓喜」、「浄信」、「歓喜」、「浄信にともなわれた深い志向をもって心を起こす」などと明かされるところの、真実信心を開発していくことであるというわけです。

かくして、その第十八願文およびその成就文において、「信楽」、「信心歓喜」、「浄信」、「歓喜」などといわれる原語は、チッタ　プラサーダ（心澄浄）であって、それは上に見た

ところの、『阿毘達磨倶舎論』および『成唯識論』にかえしていうならば、その信心の原語に一致するわけであり、真宗における信心とは、まさしくチッタ プラサーダであって、それは仏教における信の本義によく重層し、それに即一するものであることが知られるところです。

なおまた、仏教における信心について注目されるべきことは、上に見たチッタ プラサーダは別として、中国仏教において、信と訳された原語はいろいろありますが、その漢訳にあたっては、何れについても、「信」と訳すとともに、原語には存在しない「心」という字を付して、「信心」と訳しているということです。この心という字は、原語ではチッタ（citta）といいますが、それは「集める」という意味から生まれたもので、仏教では、その心を解釈して「集起の義」といい、それはあらゆる善悪の業の因果を、集めおさめているということで、根源的な生命、人格主体そのものを意味します。その点、中国仏教において、信をあえて「信心」と訳したのは、その信というものが、たんなる表層的な意識の次元における出来事ではなくて、もっとも深層なる生命の営みにかかわるところの、根源的な人格主体を場として成立するところの、まったく主体的な事態であるということを、よく表象していると思われます。そのことは、仏教における信心について理解する場合、充分に留意すべきところでありましょう。

2　親鸞における信心の意味

すでに上の『阿毘達磨倶舎論』において見たように、仏教における信については、仏法に帰入する契機としての、第二義的な三宝などに対する信認と、その仏道の究竟、「さとり」の一部ともいいうる三昧、定心の意味をもつところの、第一義的な心澄浄（チッタプラサーダ）としての信心があって、その信を中心に仏道を語るならば、仏道趣入の意味をもつ能入位（スタート）の信から、仏道の究竟の意味をもつ能度位（ゴール）の信があり、仏道とは、その能入位の信から、能度位の信への道を意味するともいいえましょう。

そのことは、親鸞さまの教言についていうならば、その「正信念仏偈」に、「まさに如来如実の言を信ずべし」（真聖全二、四六頁）、「ただこの高僧の説を信ずべし」（真聖全二、四四頁）と語られる信心とは、その仏道趣入のための必須条件としての能入信を意味し、また親鸞さまが、真実信心を明かすについて、「智慧の信心」（『唯信鈔文意』真聖全二、六二四頁）、「信心の智慧」（『正像末和讃』真聖全二、五二〇頁）などと語られる信心とは、その仏道の究竟としての能度信をあらわしたものでありましょう。

かくして、親鸞さまにおける信については、このように、スタートの能入位なる信心と、ゴールの能度位なる信心があって、その仏道に重ねていえば、能入信から能度信への道であるともいいうるわけで、そのことは、上に見たところの聞名の道に重ねていえば、それは過程位（プロセス）の聞名から、究竟位（ゴール）の聞名に向かって、深化、徹底すべきであるといわれ、また、その称名の道に重ねていえば、方便権仮の称名（仮門の称名、真門の称名）から真実本願の称名への、深化、徹底が教示されるところに、よく重層するものでありましょう。何れにしても、真宗における信心には、このような仏道趣入としての能入位の信と、その究竟としての能度位の信があり、その両者は、深いところでは通底しながらも、その仏道の全体構造としては、能入位の信から能度位の信へという関係をもっているわけで、親鸞さまにおける信心について学ぶにあたっては、そのことは充分に注意すべきところでありましょう。

ところで、親鸞さまにおける真実信心、その能度位の信心とは、いかなる性格をもっているものでありましょうか。

その『教行証文類』の「信文類」によりますと、真実信心を明かすについて、『無量寿経』の第十八願文の「至心」、「信楽」、「欲生」の三心を掲げ、その『唯信鈔文意』では、この三心をしばしば「三信心」といわれていますので、信心とは、このような三心を意味することが知られます。そしてまた、その三信心については、その「信文類」の字訓、およびその教義の解釈によりますと、その何れもが「疑《ぎ》蓋《がい》無《む》雑《ぞう》」であるといわれ、そのゆえにこそ、その三信心が何れも真実信心であると明かされます。

ところで、ここで疑蓋無雑、疑蓋がまじわらないといわれる、その疑蓋とは何かということですが、それは仏教における基本的な用語であって、仏教において語られる疑い心を意味し、より具体的には、無明、煩悩なる愚痴の心をいいます。そういう心は、仏法を学ぶについて、さまざまに明知の働きを弱め、仏道の向上を妨げることになりますので、あえて疑蓋、疑いの「ふた」というわけです。しかし、ここで疑といっても、それは世間でいう疑心とは明確に相違します。世間でいうところの疑心とは、つねに自己中心的に、自分の見解、判断が絶対に正しいという前提、そういう自己正当視の立場から、眼前の対象が、その自己認識、自己判断に対して背反する場合、それを否定、排除することをいうわけです。しかしながら、仏教が語るところの疑心、疑蓋とは、そういう自己自身の認識、判断そのものが根本的に誤謬であって、自己が本来的に愚痴、無明の存在であるところ、仏法が教説するところの普遍の道理、真理について、まったく不分明、不決定である心をいうわけで、それは世間の疑心が人間自身の理性、その判断にもとづいて、対象を疑惑する心をいうに対して、仏法において語られる疑蓋とは、仏法の原理にもとづいて、その人間自身のいっさいの理性とその判断を、誤謬として否定することをいいます。かくして世間の疑心は、その対象が自分の認識、判断のとおりに経過すれば、その疑心は氷解するわけですが、仏法における疑蓋とは、自己自身が仏法を学んで、その道理、原理について、新しい明知、智慧を身にうることによってこそ、よく解消することができるわけです。親鸞さまによれば、そのような疑蓋とは、真実信心を開発することによってこそ、よくそれを断滅することができるといわれるところです。

すでに上においても見たように、真宗における真実信心とは、その原語のところでいうならば、チッタ プラサーダ（心澄浄）ということで、それはすでに三昧、定心に重なるといわれるところです。そして親鸞さまは、そのような信心とは、菩薩道でいえば、その五十二段階の中での第四十一位に相当し、そこまでの無明、愚痴、「まよい」の心を破って、一定までの「さとり」、初地、不退転地に至ることを意味するといわれます。

すなわち、親鸞さまによれば、真実信心をうるということは、仏道における第四十一位の初地までの無明を破り、そこまでの仏の明知、「さとり」をうることを意味するわけで、それは「信心の智慧」をうることで、その語に左訓して、

信ずるこころのいでくるは、智慧のおこるとしるべし。

（『正像末和讃』左訓、『親鸞全集』〈法藏館〉第二巻　和讃篇、一四五頁）

と明かされるところであります。そのことは、上に見たところの信心の原語が、チッタ プラサーダ（心澄浄）であるということにも重なるわけであって、それはさらにいうなら

ば、私における主客一元論的な「めざめ」体験であるともいいうるでありましょう。

この真宗における信心が「めざめ」体験であるとは、すでに上の第一章および第二章においても明かしたように、あたかも夢からさめるというようなもので、それは夢を見ていたと気がつくことをいいます。その点、そこでは夢を見ていたということと、それが夢であったと気づくということ、その両者が、背中あわせに同時に成立するわけです。いまもそれと同じように、その信心体験、「めざめ」体験の内実とは、暗黒の世界と光明の世界、地獄の生命と如来の生命の、絶対的に矛盾対立する二種の事態が、まったく相即して自覚されてくることとなります。すなわち、私の現実存在の実相について、それを仏法の鏡に映しだすならば、私の存在とは、まさしく地獄の底から這《は》いあがってきたものといわざるをえません。私の心の深淵には、そういう地獄の鬼の生命を宿しているところです。源信の『往生要集』には、「むなしく信施を食へるもの此の中（無間地獄）に堕す」（真聖全一、七四〇頁）と説かれておりますが、この教言は、まさしく私自身について語られたものにほかなりません。しかしながら、親鸞さまは、そういう私の心の中には、また同時に、如来の生命が宿っているともいわれます。『唯信鈔文意』に、「この如来微塵世界にみちみちたまへり、すなわち一切群生海の心《しん》なり」（真聖全二、六四八頁）と明かされるところです。

かくして、私の現実存在とは、その心の深淵に、地獄の生命と如来の生命とを、まったく絶対矛盾的自己同一的に宿しているということであって、親鸞さまにおける真実信心が、まさしく「めざめ」体験であるということは、そういう私の心の奥底にひそむところの、地獄の生命と如来の生命について、同時に即一して「めざめ」ていくことであり、そのように自覚されてくることをいうのです。そしてここにこそ、親鸞さまにおける、真宗信心の特性があるわけです。

3　信心と「甘え」の心理

真宗における信心とは、まさしく主客一元論的、主体的な「めざめ」体験であり、そこでは私自身の心の深淵に、地獄の生命を宿し、またそれに即一して、如来の生命を宿しているということを、絶対矛盾的自己同一的に「めざめ」ていくということでありました。そしてそのような真宗信心においては、その必然として、つねに自己の心の奥底では、その地獄性にもとづく自己否定性、それについての痛みと厳しさを実感しつつも、またその如来性にもとづく自己肯定性、それについての安らいと温かさを実感することとなるわけで、そこではまた、その必然として、私自身の日日の在りようをめぐって、その地獄性を少しでも否定、厭離しつつ、その如来性に向かって、少しでも脱皮、成長していくという、新しい志願を抱くこととなってきます。すなわち、真宗信心が「めざめ」体験であるということは、その必然として、その信心に生きる私において、新しく人格の変容が成立してくることとなり、その念仏、信心の相続において、次第に新しい人格主体が育ってまいります。すなわち、真宗信心にもとづくところの、新しい自立の成立です。

しかしながら、いままでの東西本願寺の伝統教学では、その信心にもとづく新しい人格変容、そしてまた、それによる新しい人格主体の確立ということは、いっさい教示してきませんでした。その信心とは、どこまでも来世における往生浄土のための正因（キップ）であって、その信心が今生における私の人生生活に、具体的に何らかの影響をもたらし、新しい生き方を創出してくるということは、たえて語ることはありませんでした。親鸞さまが、真宗信心の結果として明かされた正定聚、不退転地をめぐる、さまざまな現生の利益については、存覚は、その『浄土真要鈔』（真聖全三、一三四頁）に、また蓮如は、その『蓮如上人御一代記聞書』（真聖全三、五八二頁）において、それらはすべて「密益」であって、何ら現実の生活に現われてくるものではないと語っております。どうしてそういったのか、それは伝統教学が語るところの真宗信心が、まったく主客二元論的な構造をもつものであり、それはひとえに「甘え」の心理にもとづいて捉えられているからです。

すなわち、日本の言葉に「甘える」という言語がありますが、この言葉は日本特有の国語で、欧米語には、それに相当する言葉はありません。日本語の「アマエル」とは、その語源は、甘（アマ）という語を活用させたもので、すべてにおいて甘い状態になることを意味します。そしてそのような心理は、先行研究によりますと、もともとは乳幼児の、母親に対する感情として生まれるものであり、子供が成長する過程において、母親を自分とは別の存在として認識していく中で、それを否定して、なおも母親と一体であろうとする心理のことをいいます。たとえば、子供がいままで母親を独占していたところ、その下に弟か妹ができると、母親はその下の子供を中心に愛情を注ぐようになります。すると、それに嫉妬して、母親の愛情をなおも独占しようとするところ、ここに甘えの心理が生まれてくるわけで、それは従来における、欧米の子育て方法と、日本特有の子育て方法の相違において、必然的に日本社会とその家庭にかぎって、生まれてくるものであります。今日の日本社会に蔓延する若者の「ウツ病」とは、そういう甘えの心理の延長線における、自立の不成立によるものであるともいわれております。

そしてそういう甘えの心理とは、何らかの対象に対して依存するところの心情でもあって、そのような「甘え」の心理をもっともよく表象するものは、「たのむ」という言葉であるといわれます。すなわち、「たのむ」とは、相手の好意あるはからいを期待し、それにすべてを委任することをいいますが、そのことからしますと、真宗信心を解釈して「たのむ」というのは、その信心が、典型的な「甘え」の心情を意味していることを、ものの見事に物語るものでありましょう。そしてまた、そのような甘えとは、その必然として、個人を集団に依存させる心理でもあって、そこではつねに、集団主義を「よし」とする心理を育てていきます。そしてそのことによって、単独行動を裏切り行為として、それを批判する心理が生まれてきます。日本人には、集団を超えるところの公共、パブリックの精神が乏しいといわれるのは、そういう日本人特有の甘えの心理と、それにもとづく集団主義によるからでありましょう。

かくして、そのような甘えの心理の問題点は、第一には、甘えの心理が先行すると、その人格主体が明確に成立することがなく、まさしく無責任体制が生まれてきます。そして第二の問題点は、そこではつねに主客二元論的で、すべて他者依存的となり、人間一人ひとりが自立して生きていくということが成立いたしません。そして第三には、そのような甘えの心理は、その必然として、つねに徒党を組むこととなります。日本における「やくざ」の世界がその典型的なもので、そこでは親分と子分の関係が生まれ、子分は親分に対して絶対的であって、その指示のとおりに行動しなければなりませんが、親分はまた、その子分のいっさいの面倒を見なければなりません。それはまさしく集団主義の典型的な構造です。

すでに上において指摘したように、今日の伝統教学が語る真宗信心とは、まさしくそういう甘えの心情以外の何ものでもないわけですが、本願寺を創立した本願寺第三代の覚如は、真宗における信心を、しばしば「帰す」と表現し、さらにはまた、「帰属」（『改邪鈔』真聖全三、八八頁）とか、「帰託」（『口伝鈔』真聖全三、三三頁）などと明かし、またその息男の存覚もまた、それについて、「愛楽」（『六要鈔』真聖全二、二六八頁）とか、「能帰の心」（『六要鈔』真聖全二、二九一頁）などといい、また本願寺第八代の蓮如が、それらを継承して、もっぱら「たのむ」と明かしましたが、それらは何れも、西山浄土宗および鎮西浄土宗の教学理解を模倣したもので、ここで「帰す」といい、「たのむ」というのは、まさしく典型的な甘えの心理を表象するものであります。その意味においては、覚如、存覚、蓮如が理解したところの真宗信心とは、まったくの「甘え」の心情を意味して、それはもっぱら、阿弥陀仏の大悲に対して、主客二元論的、対他的に、すべてを委任し、依存する心をいうわけで、そこでは当然に、何らの人格主体が育つこともなく、また自立も成りたつはずもなく、まして自己責任というものが成立することはありません。

そしてまた、そういう甘えの心理に根ざす真宗信心の性格は、もっぱら集団主義に転落して、基本的には、近世以来今日に至るまでの、東西本願寺の伝統教学というものが、つねにそれぞれ派閥、学派を形成して、その教学理解が、仏教の原点、そして〈無量寿経〉の本義、さらにはまた、親鸞さまの根本意趣に直参するということよりも、まずもって、自分が所属する教団、派閥の解釈を最優先させつつ、真宗教義を捉えているところに明白にうかがわれます。そしてそこではつねに、いささかでも、そういう教団、派閥の解釈を批判し、それを超える解釈を試みると、そのすべてを異端、異解として排除し、自分たちだけが正当であると自負します。まさしく「やくざ」の論理に共通する発想です。しかしながら、それが今日の伝統教学の実態でありましょう。

なおまた、ことに西本願寺教団では、かつての近世末期に惹起したところの三業惑乱事件において、蓮如のいうところの「たのむ」も、なお自力であって、そのことは、まさしく名号を「もらう」（領受・印現）ことであり、大悲に向かって「まかす」（依憑）ことである、といいつのって今日に至っております。しかしながら、真宗信心を解釈するについて、「たのむ」といい、さらにはまた、「もらう」とか「まかす」などというのは、より具体的には、私のいかなる行動をいうのでしょうか。すでに上にも見たように、人間において外的なる存在、その仏というものを、自分自身が確かに認識し、体験するについては、視覚、聴覚、嗅覚、味覚、触覚の五官を通してこそ成立するもので、それ以外に認識、体験する方法はありませんが、その「たのむ」、「もらう」、「まかす」とは、その五官の中の、何れの感覚器官にもとづいて成立するというのでしょうか。まして〈無量寿経〉によれば、阿弥陀仏とは、見る（見仏の道）方法か、聞く（聞名の道）方法によってこそ、値遇し、体験できると教説するわけですが、それに対して、このような「たのむ」、「もらう」、「まかす」とは、どう関係するというのでしょうか。そしてその信心体験の開発とその相続については、このあと詳細に考察しますが、親鸞さまは、「信楽開発の時剋《じこく》の極促《ごくそく》」（『信文類』真聖全二、七二頁）という、「ときのきわまり」（『一念多念文意』真聖全二、六〇五頁）、永遠の今としての出世なる「一念」の時間を場としてこそ、よく成立すると明示されておりますが、この「たのむ」、「もらう」、「まかす」ということが成立する永遠の今、「ときのきわまり」という時間とは、「いつ」、「どこ」で語るのでしょうか。そしてまた、親鸞さまは、その信心の相続をめぐっても、そういう永遠の今なる「一念」を場としてこそ、非連続の連続、連続の非連続という構造をもって反復し、深化していくと明かされますが、この「たのむ」、「もらう」、「まかす」をめぐっては、その信心の相続について、いかように説明するのでしょうか。このことをめぐっては、伝統教学は、いまに至るまで、何らの説明もいたしません。

しょせん、そのような理解は、まったく非学問的、世俗的な、思いつきの発想と解釈から生まれたものでしかなく、それについては、仏教の論理に従って説明できるはずはありません。そしてまた、こんな「たのむ」とか、「もらう」とか、「まかす」という言葉は、〈無量寿経〉の原典の思想からしても、また親鸞さまの信心体験の内実、その開発と相続をめぐる論理からしても、決して生まれてくるはずはありません。かくして、今日の西本願寺の伝統教学が語るところの真宗信心とは、すでに上に見てきたような、仏教における信心の基本的な原理とも、また親鸞さまによって明示された真実信心の根本意趣とも、まったく錯誤するものでしかなく、その「たのむ」といい、「もらう」といい、「まかす」というのは、仏教における信心そのものの本質とは、何らの関係もない言葉で、それは明確なる信心体験を表示したものではなく、たんなる「甘え」の心情にもとづく言葉のもてあそびで、それはまさしく観念論的な言葉の遊戯というものです。その点、ここでいう信心とは、まさしく戯論《けろん》にすぎず、まことに愚かな至りといわざるをえません。今日の伝統教学というものが、いかに非学問的な低俗なものであるかが、よくよく知られてくるところであります。

まことの真宗信心とは、すでに上において見たように、チッタ プラサーダ（心澄浄）としての、主客一元論的なもので、それはまさしくは、私自身の称名念仏にもとづき、永遠の今という、出世なる「一念」という時間、「如来の時間」を場としてこそ、よく成立してくるところの「めざめ」体験というべきものです。真宗信心を学ぶについては、決して伝統教学の誤まった教示にまどうことなく、親鸞さまの教説に従ってこそ、正しく学んでいただきたいものであります。

二　信心における人間成長

1　真実信心の成立

真宗における真実信心の内実については、上において明かしたとおりでありますが、それがどのようにして成立するかについて、いささか説明いたしましょう。アメリカの宗教心理学者のウィリアム・ジェイムズ（William James　一八四二〜一九一〇）の『宗教的経験の諸相』よりますと、信心の開発、廻心の成立をめぐっては、突発的な廻心と、漸進的な廻心があるといいます。すなわち、病める魂をもったものは、信仰に入る時には突発的であり、健やかな魂をもったものが、信仰に入るには斬進的であるといいます。このような見解は、そののちの宗教心理学の研究においても踏襲されることとなり、プラット（Pratt, J.B.　一八七五〜一九四四）は、それについて急激的廻心と漸進的廻心があるといい、またスターバック（Starback, E.D.　一八六六〜一九四七）は、受動的廻心と能動的廻心があるといっております。仏教においても、ことに中国の禅宗における仏道理解においては、頓悟説と漸悟説があり、その頓悟説とは、仏道修行の道程における階梯を認めることなく、何かの縁によって、ただちに仏の「さとり」をひらくことができるという主張をいい、漸悟説とは、仏道修行の階梯を認めて、次第に仏の「さとり」に至るという主張ですが、中国の禅宗では、そののちには頓悟説が主流となっていきました。

それに対して、真宗の仏道においても同じことを発想しております。すなわち、上に見たウィリアム・ジェイムズよりも百年以上前に出生した、玄智《げんち》（一七三四～一七九四）の『考信録』巻三によりますと、

人の心は、頓機《とんき》漸機《ぜんき》とて、二品に候也。頓機はききてやがて解とる心にて候。漸機はやうやう解る心にて候也。（中略）頓機は獲信《ぎゃくしん》の時を知べし。漸機は知べからず。頓機とは、宗祖の始めて吉水に謁したまふの日、立処に真心を決定し在すが如き是なり。（中略）漸機とは曾て聞法し帰命し、また念仏すと雖も、或は信じ或は疑てしかと会得することもなかりしに、仏力冥に加被《かび》して、いつとなく疑尽て往生一定、貴や難有やと信をえて、歓喜念仏するの安心になる。（真全六四、八五頁）

と語って、頓機と漸機、突発的廻心のものと、漸進的廻心のものがいるといっています。その頓機の人は、聞法してただちに信心を決定するものをいい、この場合には、獲信の日時、場所が明らかに知られるといいます。そして漸機の人は、聞法、念仏を重ねながら、やがていつとなく、ありがたやと慶喜念仏するようになるものをいい、この場合には、獲信の日時は不明であるといいます。そしてそのことについては、そののち七里恒順（一八

三五〜一九〇〇）も、同じようなことを語っております。その点、真宗における信心の開発、廻心体験の成立をめぐっても、同じように突発型と漸進型があるといいうるようです。

この問題をめぐっては、私自身の廻心体験、および私の友人たちの求道体験を聞いて思うことは、そのことについては、第一には、仏法を学ぶ主体の問題によるもので、その性格が、上に見たジェイムズがいうように、内向的な人にして年齢が若い時には、比較的に突発的な廻心をもつことが多いようです。そして第二には、その人を取りまく状況によると考えられ、それがとても厳しい人生、環境の中におかれた場合には、多く頓機として、急激的な廻心が生まれてくるように思われます。それに対して、主体の性格が健全で明朗であるような人にして、年齢も高く、またその人生、環境についても、まったく順調であるような場合には、漸機として、漸進的な廻心になるように思われます。もとより、それにはいろいろと例外もあることでしょう。

ところで、あなたは、すでに廻心体験をもっていますか。もっているとすれば、頓機ですか、漸機ですか。まだの人は急いで廻心体験をもってください。

そこで、そういう真実における廻心、信心体験というものが、いかにして成立するかについては、すでに上において、真宗における仏道として、称名、聞名、信心の道として、詳細に明示したところであります。そしてことにその仏道においては、私から仏に向かう私の「行位」の称名が、それがそっくりそのまま、仏から私に向かう仏の「教位」の称名として、すなわち、その称名が聞名として、逆転して味解されるようになることが肝要であって、それについては、何よりも私の心奥に宿すところの自我の心を、徹底して崩壊せしめていくべきであるといい、その契機となるものが、(1)死苦、(2)罪業、(3)教言、(4)教導、(5)念仏の五種であるということは、すでに上において詳細に明かしたところであります。かくして廻心体験とは、そういう道程の中における自我の崩壊を契機としてこそ、よく成立するものであることを、充分に領解してください。そういう自我の崩壊を何ら経験せずして、真実信心が開発する道理はありません。

2　真実信心の相続

そして、そのようにして成立した真実信心は、どのようにして相続されていくのでしょうか。親鸞さまは、それについて、「信文類」において、

それ真実信楽を按ずるに、信楽に一念あり。一念とは、これ信楽開発の時剋《じこく》の極促《ごくそく》を顕はし、広大難思の慶心《きょうしん》を彰はすなり。（真聖全二、七一頁）

と教示されています。すなわち、ここでは、「一念」という語を時間の意味に捉えて、それが「時剋の極促」、「ときのきわまり」（『一念多念文意』真聖全二、六〇五頁）を意味すると

して、そういう極促の時間なる一念を場として信心が成立し、またそういう時間を場としてこそ信心は相続されていくといわれるわけです。上の文章は、そのことを表象するもので、「一念とは、これ信楽開発の時剋の極促を顕はす」とは、その廻心体験の成立の時間について語ったものであり、次の「広大難思の慶心を彰はす」とは、その信心の相続について明示したものです。

すなわち、真実信心の開発というものは、まったく虚妄不実なる存在としての私が、究極的な真実に値遇するという、まったく出世的、宗教的な体験をもつということですから、そのことは時間論的にいうならば、この世俗の迷妄の時間の中の出来事ではありません。それはまさしく、そういう迷いの世俗的な時間を超えたところの、無限の過去と無限の未来を包んだ尽時現在、「ときのきわまり」としての、「永遠の今」という出世的な時間、「如来の時間」を場としてこそ、よく成立してくるものです。ここでいう「一念」といい、「時剋の極促」といわれる時間がそれでありまます。親鸞さまが、その『教行証文類』の「総序」において、

遇いがたくして今遇うことをえたり。聞きがたくして已に聞くことをえたり。

（真聖全二、一頁）

と明かし、またその「化身土文類」の三願転入の文において、

今まさに方便の真門を出でて選択の願海に転入せり。(中略) 爰に久しく願海に入りて、深く仏恩を知れり。

(真聖全二、一六六頁)

と語られる文について、阿弥陀仏の本願との値遇をあらわすのに、「已に」(かつて) 遇ったといいつつ「今」遇うたと語り、またその本願に帰入した体験をあらわすのに、「久しく」(かつて) 帰入したといいつつ、「今」転入したと記されていることは、まさしくそのことを意味するわけです。私が阿弥陀仏の本願という究極的な真実に値遇し、それに帰入するという出来事、そういう出世的な体験は、まさしくこの世俗なる虚妄の時間を超えたところの、出世なる時間、阿弥陀仏の時間、尽時現在としての「永遠の今」という時間を場としてのみ、成立してくるわけです。だからこそ、そういう真実信心というものが、その後の私の人生生活において相続されるということは、その人生におけるさまざまな仏縁にもとづきながら、つねにそういう「永遠の今」、「ときのきわまり」という出世的な時間を場として、「今」から「今」へと、非連続の連続、連続の非連続として、反復され、深化しながら相続されていくものです。ここで、仏法に已に以前に遇いながら、「今遇う」たと語り、また願海にその昔、久しく以前に転入しながら、「今転入せり」と明かすものは、まさしくそういうことを教示したものです。そしていまここで、「広大難思の慶心」と表象されるものは、そういう相続心の内実について語ったものです。

そしてそのことは、すでに上において見たところの、『無量寿経』および『如来会』の、第十八願文およびその成就文において、「一念」といわれ「十念」といわれるものに相当するもので、その『サンスクリット本』によれば、その第十八願成就文相当の文では、聞名にもとづいて、

たとえ一たび心を起こすだけでも、浄信にともなわれた深い志向をもって心を起こすならば、（藤田宏達訳『梵文和訳　無量寿経・阿弥陀経』〈法藏館〉一〇八頁）

と明かし、またその第十八願文相当文（第十九願文）では、聞名によって、

たとえ十たび心を起こすことによってでも、（藤田宏達訳『梵文和訳　無量寿経・阿弥陀経』〈法藏館〉六二頁）

と説かれますが、この文の「一たびの心」、「十たびの心」とは、上の一念と十念に重なるもので、親鸞さまの領解によれば、それは真実信心（チッタ プラサーダ・心澄浄）が、開発、成立する時間とその内実を「一念」、「一たびの心」と明かし、それがさらに、その後において相続される状況を、「十念」、「十たびの心」と語ったものと解釈されるべきであろうと思われます。

そしてまた、親鸞さまによると、その信心の相続をめぐっては、「信文類」（真聖全二、七二～七三頁）に十九種の異名を掲げて説明され、またその『浄土文類聚鈔』（真聖全二、四五

二～四五三頁）では、十六種の異名を明かされております。ことにその相続信を説明するのに、「願作仏心」、「度衆生心」と語られることは、充分に注目すべきところですが、親鸞さまは、それについて、『正像末和讃』の左訓において、願作仏心とは「弥陀の悲願をふかく信じて仏にならむとねがふ心」といい、その度衆生心については「よろづの衆生を仏になさむとおもふ心」（『親鸞全集』〈法藏館〉第二巻　和讃篇、一四七頁）と明かして、それが自利なる自己成仏と、利他なる他者作仏をめざして生きていくことであると教えられることは、充分に学ぶべきところでありましょう。

しかしながら、従来の伝統教学においては、親鸞さまにおける空間論も時間論も、明確に取り上げることはありません。すなわち、その空間論については、「行文類」（真聖全二、三八～四一頁）の一乗海釈において、大乗仏教の基本原理である「一即一切」、「一切即一」という、空間論が展開され、またその時間論については、ここのところで、それが三世を摂する尽時現在、すなわち、「三世即現在」、「現在即三世」という。時間論が主張されているわけですが、伝統教学では、そういう空間論についても、時間論についても、まったく注目することはありません。そしてこのように、信心の相続ということが、時間的には、「今」から「今」へと、反復し、深化していくということについては、まったく不分明であって、ここで明かされる信心の相続の文は、伝統教学では、昔から今日に至るまで、たんなる「追釈」とか「転釈」といって、信心の開発にかかわる一念について、余分に説明したものとしてしか捉えておりません。このことは、まことの信心体験をもっていないものがそういっただけで、確かな廻心体験をもち、それを相続して生きているものならば、この文章が、たんなる「追釈」とか、「転釈」といわれるものではなく、まさしく信心の相続相について明かしたものであることは、至極明瞭に領解できるはずです。しかしながら、いままで、そのことについては誰も指摘したものはおりません。まことに愚かなきわみです。

そしてまた、伝統教学では、上に明かしたような仏教における時間論がまったく不明なために、真宗信心とは、世俗的、客体的な迷いなる直線的時間の流れの中で成立し、その相続もまた、そういう迷いの時間の流れの中で相続されていくと考えているわけです。伝統教学が、信心を「たのむ」と捉え、さらにはまた、それを「もらう」とか「まかす」と解釈したのは、その成立も相続も、すべてこのような迷いの中の世俗的、客体的な時間観の中で理解されるからこそ、そういいえたのであって、それが仏教の本来の時間論、「三世即現在」、「現在即三世」、「永遠の今」という時間観に立つかぎり、そんな主客二元論的な、「たのむ」、「もらう」、「まかす」というような信心理解は、成立するはずはなかったでしょう。伝統教学における信心理解とは、まったくの世俗的な迷妄の時間観の上で捉えられているわけで、そこでは信心そのものもまた、世俗なる迷妄の信心でしかないというほかはありません。まことに愚かなはなしではあります。

3　人格変容の成立

私は若いころに、私自身の親鸞研究と、私のささやかな廻心体験をとおして、信心をうるならば、何らかの意味で、人格変容が生まれてくると理解し、そのことについていろいろと語り、また論文にも書きましたところ、西本願寺当局から呼びだされて、それは誤謬である、お前の信心は自力の信心であるといって、徹底して弾劾されました。当局の見解は、信心とは、来世、死後において、浄土に往生するための正因（キップ）であって、現世の人生生活には何ら関係はないというのです。私は親鸞さまの教言を引用して、いろいろと弁明しましたが、そのすべてを否定されました。このことは、その際に本願寺当局と論争していてわかったことですが、かつてのアジア・太平洋戦争中に、多くの教学者たちは、真宗信心の名においてその戦争に賛成し、天皇と阿弥陀仏は同じである、戦死したものは信心がなくても成仏できるなどと、いいつのったわけですが、もしも真宗信心が現実の人生生活に関係すると認めると、その戦時下の教学者たちの言動からすると、その信心は、すべて誤謬であったといわざるをえません。それで教団当局は、必死になって、信心とその人生生活は無関係だと主張したのです。自己弁護のために、真宗教義を変更したわけです。本願寺当局は、いまでもなお、そのように信心と人生生活は無関係であると主張しているわけですが、そんな死後だけを目標とする教義にもとづいて、現代の大衆に向かって、何をどう教化しようと考えているのでしょうか。

そこで以下、いささか私の領解する仏教および親鸞さまの教示に従って、仏教、真宗とは、ほんとうは、人間が仏に成っていく道、人格変容、人間成長の道を教えるものであることを、論証してみましょう。

釈迦仏が成仏ののちに、最初に説かれた教説を伝えているという、『仏説転法輪経』（大正二、五〇三頁）によりますと、そこにはいわゆる四諦八正道《したいはっしょうどう》の教法が明かされていますが、その四諦八正道とは、この私の「ありのまま」なる現実の姿を分析して、それが私自身が宿すところの煩悩にもとづいて生まれてくる、苦悩多い人生であること（苦諦・集諦）を明示し、私が願うべき「あるべき」理想の姿を指示して、それは私の煩悩を少しずつ洗除して、心豊かな仕合わせの人生生活を創出していくこと（滅諦・道諦）を教言し、そのために修めるべき八種の正しい生き方（八正道）を教説されております。その点、仏教とは、まさしく「ありのまま」なる現実の私が、その教えを学び、それを行じることにより、「あるべき」理想の私に向かって、人格的に脱皮し、成長していくところの、人間成熟の道を教えるものであり、それはまさしく、まことの「人間学」であるともいいうるものであります。

そしてまた、親鸞さまが教えられたところの浄土真宗の教法もまた、それが仏教であるところ、同じように、この愚かな凡夫が、阿弥陀仏の教えを学んで、まことの仏に向かって成っていく、人間成長の道を教えるものであります。すなわち、親鸞さまは、その『愚禿鈔』で、真宗信心を説明して、

本願を信受するは前念命終《ぜんねんみょうじゅう》なり。即得往生は後念即生《ごねんそくしょう》なり。（真聖全二、四六〇頁）

と語られますが、ここで「本願を信受する」、「即得往生」とは、『無量寿経』の第十八願成就文（真聖全一、二四頁）にもとづくものであり、真実信心をうるならば、ただちに仏の生命を生きることとなり、この現身において、即得往生をうることができるということを明かすものであります。そしてその「前念命終」、「後念即生」とは、善導の『往生礼讃偈』（真聖全一、六五二頁）の文によったもので、その原意は、信心の人は、臨終の一念において、その前の時間に迷いの生命を終えて、次なるのちの時間に浄土の生命に生まれかわる、ということを意味します。しかしながら、いまこの親鸞さまの造文の意趣は、本願を信受して、まことの信心を開発するならば、そこにおいて、ただちに即得往生としての、現身における往生の益をうることとなるが、そのことは、さらにいうならば、その信心の開発の

「一念」、その「永遠の今」なる時間の前念において、私における長かった迷界の生命が終わり、その時間の後念において、新しく仏の生命に生まれかわることができるということを明かすものでありましょう。すなわち、ここでは、信心が開発するということは、私において人格的な死と生、旧い迷妄の生命に死して、新しい真実の仏の生命に生まれるということを意味するもので、第十八願成就文が語るところの「即得往生」とは、そういう信心にもとづく、新しい人生の創出、新しい人格主体の確立を物語るものであります。

そしてまた、親鸞さまは、その「真仏土文類」において、長々と『大般涅槃経』の文を引用したのち、それを簡略にまとめて、

しかれば、如来の真説、宗師の釈義、明らかに知んぬ、安養浄刹は真の報土なることを顕す。惑染の衆生、ここにして性を見ることあたわず、煩悩に覆わるるがゆえに。『経』には、「われ十住の菩薩少分仏性を見ると説く」とのたまへり。ゆえに知んぬ、安楽仏国に到れば、すなわち必ず仏性を顕す。本願力の廻向によるがゆえに。また『経』には「衆生未来に清浄の身を具足して荘厳して仏性を見ることをう」とのたまへり。（真聖全二、一四〇頁）

と明かされております。この文の意味は以下のとおりです。

釈迦仏の教説や伝統の祖師たちの教説によれば、安養の浄土はまことの浄土であると

明かされます。しかしながら、煩悩におおわれた私たちは、この現実の世界では、まことの仏性を開顕することはできません。しかし、すでに上に見たように、『大般涅槃経』の「迦葉品《かしょうぼん》」によりますと、私たちも十地の菩薩の地位に進めば、少分の仏性を開きあらわすことができると説かれております。そしてだからこそ、やがて安養の浄土に往生するならば、そこでは必ず、その仏性の全分を開きあらわすことができます。そのことは、阿弥陀仏の本願力の働きによるからであります。かくして、『大般涅槃経』には、人人はやがて将来には、浄土に往生して清浄の身となって、その仏性の全分を開顕することができます。

以上が、その文の意趣ですが、ここでは信心の開発にもとづいて初地に至れば、少分の仏性を開くことができ、その仏性を全分に開きあらわすのは、将来に浄土に往生したのちのことであるというわけです。その点、真宗において真実信心を開発するならば、自分自身が本来的に宿しているところの仏性を、少分、その一部を開きあらわすことができるというのです。このことは、従来の伝統教学では、まったく語られなかったことですが、親鸞さまの明確な教示があるところであって、充分に注目すべきことでありましょう。

そしてまた、親鸞さまは、その真実信心を開発するならば、この現世において、菩薩道の五十二段階中の第四十一位なる初地、不退転地に住して、正定聚としての、やがて成仏

することに正しく決定した聚類、仲間に参入することができるといわれます。このことは、『無量寿経』の第十一願文に、

たとひ我仏をえんに、国中の人天、定聚に住し必ず滅度に至らずば、正覚を取らじ。（真聖全一、九頁）

と説かれることにもとづくもので、そのことは『如来会』の第十一願文にも同じ意趣が見られ、また『サンスクリット本』の第十一願文にも同じように誓われております。なおまた、〈後期無量寿経〉の『無量寿経』と『如来会』の第四十七願文と第四十八願文によりますと、それは聞名の利益として誓われておりますが、それが現世における利益か、または来世、浄土往生ののちの利益か明確ではありませんが、『サンスクリット本』によりますと、その第四十六願文と第四十七願文では、明確に「名を聞くと同時に」と説いて、そのことが現世、今身における聞名信心の利益として誓われているところです。

なおまた、親鸞さまは、その「信文類」の冒頭の標挙において、

至心信楽の願　正定聚の機（真聖全二、四八頁）

と標記され、またその「信文類」に、真実信心の人が、その現生の身にうる利益として、現生十種の益を挙げ、その帰結として「入正定聚益」（真聖全二、七二頁）と明示されるところです。また『浄土文類聚鈔』には、「無上の信心を獲れば、則ち大慶喜をえ、不退転

地をうる」（真聖全二、四五四頁）とも明かされます。しかしながら、この初地、正定聚、不退転地の利益とは、その『サンスクリット本』の願文は別として、〈無量寿経〉ぜんたいの経説としては、来世の浄土往生においてこそ恵まれる利益であって、法然も、「不退の浄土」（「黒田の聖人へつかはす御文」真聖全四、二二一頁）とか「安楽不退のくに」（「逆修説法」真聖全四、一一九頁）などと明かすように、それは来世、浄土往生の利益として理解されているところです。にもかかわらず、親鸞さまは、このことを今生における信心の利益として領解されたわけで、そのことは充分に注目すべきところであります。

ところで、親鸞さまは、いかなる根拠にもとづいて、そのように領解されたのでしょうか。そのことは、何よりも親鸞さま自身の、透徹した信心体験そのものによったことは当然ですが、それを傍証、支持するものとしては、「信文類」において、本願の三信心について解説するのに、「疑《ぎ》蓋《がい》無《む》雑《ぞう》」という語を、頻繁に使用されることからすると、それは親鸞さまが、少年時代から慣れ親しまれていたであろう、天台教学の入門書でもあった『法界次第初門』によると思われますが、そこでは疑蓋を離れて信心決定するならば、初地に至るということが明確に教説されております。そしてまた、すでに上に見たように、「真仏土文類」に引用される『大般涅槃経』によれば、信心を開発すれば、現生において、初地に至って少分の仏性を開くことができるという教示、さらにはまた、「行文類」に引用されるところの、龍樹の『十住毘婆沙論』の「易行品」の、「信方便の易行をもって疾く阿《あ》唯《ゆい》越致《おっち》（初地）に至る者あり」（真聖全一、二一頁）という文などが考えられるところで、親鸞さまは、これらの文によって、法然までは、来世、浄土往生の利益として捉えられていたものを、明確に今生、現身における、信心の利益として領解されたわけでありましょう。

4　信心成仏の道

そしてまた、親鸞さまは、真実信心の利益として、その晩年においては、しばしば、信心の人は「仏に成るべき身と成った人」だと語られております。すなわち、

まことの信心をえたるひとは、すでに仏になりたまふべき御身《おんみ》となりておはします。
（『末灯鈔』真聖全二、六八〇頁）

念仏を信ずるは、すなわちすでに智慧をえて、仏になるべきみとなるは、これを愚痴をはなるることとしるべきなり。
（『弥陀如来名号徳』真聖全二、七三五頁）

かならず仏になるべき身となるなり。
（『浄土和讃』左訓、『親鸞全集』〈法藏館〉第二巻　和讃篇、七一頁）

まことの仏になるべき身となれるなり。
（『一念多念文意』左訓、真聖全二、六〇六頁）

などと明かされるところです。親鸞さまによれば、真実信心に生きるということは、すでにわが身に宿す、仏の「生命」に「めざめ」て生きていくことであるところ、それは「如来と等しき人」（『末灯鈔』真聖全二、六八一頁・その他）といいうるわけですが、わが身における罪業性、虚妄性を内観し、それを凝視するかぎり、ただちに仏に成った人とは、とうていいうことはできませんでした。しかし、すでに仏の「生命」を生きているかぎり、それはやがて肉体、煩悩を放棄するならば、仏の「さとり」をひらくことができるところ、そのような信心の人を、「仏に成るべき身と成った人」だといわれるわけです。すなわち、ここでは真実信心に生きるものは、上に見たような「前念命終、後念即生」として、新しく「仏に成るべき身と成った人」であって、そこでは新しい念仏的人格主体を確立し、自立して生きることとなるのです。

その点、真宗における信心とは、その必然として、私において新しく人格変容をもたらすものであって、それはまさしく、「如来と等しき人」となり、「仏に成るべき身と成った人」として、新しい人生を生きていくことであります。そしてそのことは、上に見たところでいえば、聞名して成仏する道、称名して成仏する道を生きていくことでありますが、真宗における仏道とは、称名、聞名、信心の道であることからすれば、それはついには、信心成仏の道に帰結するわけであって、そのことは、親鸞さまが、念仏衆生は、横超の金剛心をきわむるがゆえに、臨終一念の夕、大般涅槃を超証す。
（「信文類」真聖全二、七九頁）

と明かされるゆえんでもありましょう。

三　真宗者の社会的実践

1　人間における行動原理

私たちが、その日常生活の中で行動するについては、一般的には、何らかの基本的な基準、原理にもとづいて、その行動を選びとります。すなわち、人間というものは、その日日の行動において、好き嫌い、善い悪いなど、感情的なレベルから理性的なレベルまで、また個人的なレベルから社会的なレベルまで、自分がその心奥に宿すところの、多様な価値基準の中から、自分自身の責任において価値判断し、それにもとづいて行為します。

もともと私たち人間というものは、そういう場合には、より詳しくいいますと、その行為する主体の内面的な理性、ないしは良心といわれる因子にもとづいて、いま自分は何をなすべきか、何をしてはならないかという、その行為の基準となるところの、何らかの行動原理としての価値体系を宿しているものです。すなわち、私にとっては何が最高の善であり、何が最低の悪であるかということにもとづいて、その間にひろがるさまざまな善悪の価値の序列を、どのように設定しているかという、自己認識の問題です。それがきわめて明確なものであるか、あるいはまた曖昧なものであるか、そしてまた、そのことを実行しようとする意識がきわめて強力か、あるいはまた薄弱であるかは、その主体とそれを取りまく状況によるわけですが、人間は人間であるかぎり、誰しもそういう行動原理としての価値体系を、自分自身の内面、その良心ないしは理性の中にもっているものです。

そしてそのような価値体系については、今日的な状況にかかわって大きく区分していうならば、基本的には、国家的体制的な価値体系、伝統的社会的な価値体系、組織的集団的な価値体系、主体的自立的な価値体系の、四種のタイプがあるというるように思われます。

その第一の国家的体制的な価値体系とは、それぞれの国家において、その国家がもっている目的を達成するために、国民を統制する秩序、体制をいいます。かくして、それぞれの国家に所属する国民には、自分が遵守すべき国家によって規定された規範があるわけですが、いまはそのことをいいます。そのことは具体的には、国家が制定した憲法から各種の法律や条例など、万般にわたる行動規制を中心とする、国家によって定められた原理、秩序をいうわけです。私たちは、その日日において、そのような価値体系、規範に束縛されながら生きているところです。

第二の伝統的社会的な価値体系とは、私たちが日常的に生活している歴史社会において、その中で成立し伝承されているような秩序や習慣などの、歴史的、社会的、伝統的な体制規範をいうわけです。それは具体的には、それぞれの社会が伝えている人倫、道徳から、さらには風俗、慣例などをいうわけで、私たちはつねにそういう伝統的社会的な価値体系、規範に従って生きているところです。

そして第三の組織的集団的な価値体系とは、私たちが現実の社会の中で生活するについては、ほとんどの人人は、何らかの組織に所属して生きているわけで、その組織に所属するかぎり、その集団が伝統し、制定しているところの規律に従わざるをえません。そのことは具体的には、それぞれの会社の社員であったり、公務員であったり、また各種の職業別の団体、組織の一員であることを意味しますが、さらに身近では、自らが所属する町内会のメンバーでもあるわけです。そしてそこにも、それぞれの組織別によって、細かな価値体系、規制、掟などがあるわけであり、それらの組織に所属するかぎり、それを遵守すべきことは当然でありましょう。

そして第四の主体的自立的な価値体系とは、上に述べたような、国家的体制的な価値体系、伝統的社会的な価値体系、組織的集団的な価値体系などにもとづくような、規制、原理を超えて、それらの価値体系に影響、束縛されることなく、自分自身の自立した信念、意志によって、まったく主体的に、自己の行動を選択して生きていくというような、そういうまったく主体的、自主的な価値体系、それにもとづく自立した行動原理をいいます。

人間というものは、自分自身で行動をおこすについては、このような国家的体制的な価値体系をはじめとして、伝統的社会的な価値体系、組織的集団的な価値体系などに従って行動することも大切ですが、私たち真宗者は、そのような既存の価値体系はそれとして、時には、そういうものを超えて、仏法、念仏、信心にもとづくところの、自己の内面に構築した主体的、自立的な原理を第一義とし、それに従って生きていくことが肝要でありましょう。上に見たような、国家的体制、伝統的体制、組織的体制としての価値体系は、何れもさまざまな錯誤を含んでいるものであって、決して信頼すべき普遍的な原理というるものではありません。私たちは、つねにそれらに対する批判的な視座を失ってはなりません。

その意味において、念仏、信心にもとづく主体的、自立的な価値原理をこそ、もっとも重要な立脚地であることを忘れてはなりません。親鸞さまの生涯は、まさしくそのような主体的、自立的な原理にもとづいてこそ、ひたすらに浄土をめざして生きていかれた道であったと思われます。

なおまた、今日の私たちの生き方として留意すべきことは、現代社会においては、従来のような伝統的な「原理倫理」というものが、ほとんど崩壊しているということです。したがって、これからの時代においては、多様な価値観が錯綜する中にあって、人間一人ひとりが、それぞれの社会状況のただ中に佇みながらも、自分の責任において、自分の行動を選びとるという、「状況倫理」をこそ、生きていくほかはないように思われます。その点からすれば、私たち真宗者は、まさしく自分の念仏、信心にもとづくところの、まったく主体的、自立的な価値体系にもとづいてこそ、心ふかく、選びとり選びすてながら、まことの道を探ねつつ生きていくべきでありましょう。

2　信心の「しるし」を生きる

親鸞さまは、私たち真宗者の生き方について、念仏者は、つねに「世をいとふしるし」（『末灯鈔』真聖全二、六八三頁）を生きよといい、また「往生ねがふしるし」（『末灯鈔』真聖全二、六八八頁）を生きよと教えられています。

そこでこの「しるし」を生きるということについて、いささか考えてみたいと思いますが、親鸞さまにおける主体的、自立的な価値体系を生きるということは、まさしくこういう信心の「しるし」を生きるということに、ほかならなかったといいうると思われます。

すなわち、その「しるし」とは、漢字で表記すれば、印、標、験、証、徴などが挙げられますが、『教行証文類』の「後序」において、法然から『選択本願念仏集』とその真影の見写を許されたことを記して、そこに「これ決定往生の徴《しるし》なり」（真聖全二、二〇三頁）と語られていますが、その「徴」の字に「しるし」と仮名を施されています。かくして、そのことからすれば、ここでいう「しるし」とは「徴」のことで、それは確かな徴候（兆候）、効験、証拠を意味すると思われます。すなわち、真宗信心を生きるものには、それなりの徴候、証拠があらわれてくるということであります。

そこで親鸞さまによると、世を「いとう」しるしを生きるとは、その念仏、信心の立場から、主体的、自立的に、この世俗の中のすべての価値を絶対視することなく、そのすべてを徹底して相対化しつつ生きていくということを意味します。そのことは、親鸞さまの生き方について見るならば、その「化身土文類」において、『菩薩戒経』の文を引用して、

出家の人の法は、国王に向いて礼拝せず、父母に向いて礼拝せず、六親に務《つか》えず。

（真聖全二、一九一頁）

と明かされますが、この『菩薩戒経』によると、ここでいう出家の人とは仏法を学ぶものをいい、私たちは、国王などの世俗の権威、権力に帰依し、それに迎合してはならないといい、父母や六親などの肉親、その血の論理にも、惑うてはならないといわれます。

親鸞さまは、また門弟に向かって、しばしば、

余のひとびとを縁として、念仏をひろめんと、はからひあはせたまふこと、ゆめゆめあるべからずさふらふ。（『親鸞聖人御消息集』真聖全二、七〇七頁）

などといって、「余のひとびと」、地力の権力者、財閥者たちに接近し、それを強縁として、念仏を弘めようと考えてはならないと明かされます。

そしてまた、親鸞さまは、世間の風評、差別に対しても、

まことに仏恩の深重なるをおもうて人倫の哢言《ろうげん》を恥じず。（「信文類」真聖全二、四七頁）

ただ仏恩の深きことをおもうて人倫のあざけりを恥じず。（「化身土文類」真聖全二、二〇三頁）

などと語って、国家から流罪をうけた身として、終生にわたり、権力、世間からの「哢言」、「あざけり」をうけられましたが、それによく耐えていかれたところです。そしてまた親鸞さまは、そのほかに名誉、金銭、善鸞事件という肉親のきずななど、世俗的なさまざまなしがらみなどとも闘いながら、それらをひとつひとつ、よく超えていかれました。

親鸞さまは、このようなさまざまの世俗の厳しい弾圧、そのほかの世俗の障害、風圧によく耐えながら、「よろづのこと、みなもてそらごと、たわごと、まことあることなし」と思いとって生きていかれたわけです。

そしてまた、親鸞さまは、真宗者の生き方をめぐって、往生を願う「しるし」を生きよともいわれますが、このことは、この世俗のさまざまな価値を超えて、もっぱら出世を志向しつつ生きていけよということでありましょう。親鸞さまは、そのことをめぐっては、

仏に帰依せば、ついにまたその余の諸天神に帰依せざれ。余道《よどう》につかふることをえざれ、天を拝することをえざれ、鬼神《きじん》を祠ることをえざれ、吉良日《きちりょうじつ》を視ることをえざれとなり。（「化身土文類」真聖全二、一七五頁）

などといって、日本古来の民俗宗教でしかない神祇に対する崇拝を批判し、また「良時吉日《りょうじきちじつ》」を選び、「卜占祭祀《ぼくせんさいし》」（『正像末和讃』真聖全二、五二八頁）をつとめることを否定し、さらにはまた、その他の天文信仰や、道教、儒教までも批判して、ただひとつ、浄土念仏の教えこそが、真実の教法であることを主張されます。そのことは、日本古来の神道をはじめとして、日本伝統のさまざまな習俗、信仰、民俗宗教、さらにはまた雑行雑修なる仏教諸宗派からの、完全な離脱を意味し、それにもとづいてこそ、よく成立してくるところの私が仏に成っていくことをめざす、まことの仏道の生き方を明示するものでありました。

その点、同じ法然の門下であった、弁長が開宗した鎮西浄土宗や、証空が開宗した西山浄土宗は、ともに本願の念仏を語りながらも、他面において、旧来の聖道仏教を許容してそれと重層し、また日本伝統の神祇信仰をも摂取し、さらにはまた、日本古来の現世利益

なるさまざまな祈禱、呪術をこととする、民俗信仰をも取り入れるなどして、もはやまことの仏道を教示するものではないところ、そこではとうてい確かなる人格主体が成立するはずはなく、親鸞さまの浄土真宗のみが、「ただ念仏のみぞまこと」といって、徹底した「選びの念仏」なる仏道を教示するところ、ここにこそ、唯一まことの信心による自立が成立し、その人生生活において、確かなる「しるし」が生まれてくることとなります。

親鸞さまにおける、このような世俗を厭う「しるし」、浄土を願う「しるし」とは、何よりも、そういう明確な「選び」の念仏と、それにもとづいて成立する「めざめ」体験としての信心においてこそ、よく成立してくるものであって、それはまた、その必然として、それぞれの歴史と社会のただ中にあって、自分自身の歩むべき人生の、基本的な方向性を指示するものでありましょう。

そしてまた、親鸞さまは、その真宗信心の相続相について、すでに上にも見たように、それが「願作仏心」であり、「度衆生心」（「信文類」真聖全二、七二頁）であると明かされますが、その願作仏心とは、自分が仏に成らんと願う心であり、その度衆生心とは、あらゆる人人の成仏を願って生きていく心をいいます。かくしてここには、大乗仏教の根本原理としての、自他一如、利他行の実践という論理にもとづいて、私の成仏と他者の成仏、私自身の幸福とは、世界のあらゆる人人が幸福になっていくということのほかには、決して成立しないということを意味するわけで、私たちが、その信心の「しるし」を生きるについて、世俗を厭い、浄土を願う「しるし」を実践することは、究極的には、そういうことをめざすものであることを、明示するものでありましょう。

3 世の「いのり」に生きる

親鸞さまはまた、真宗者の生き方をめぐって、

世のひとびとをいのれ。

(『親鸞聖人御消息集』真聖全二、七一〇頁)

といい、また、

念仏をふかくたのみて、世のいのりに、こころにいれて、まふしあはせたまふべし。

(『親鸞聖人御消息集』真聖全二、六九七頁)

とも語られます。ここで「いのる」とは、その「い」とは、慎《つつ》しむことで、神聖なることを意味し、「のる」とは、述べる、告げることで、心の中に生まれたところの神聖な自分の意志、その願望を、仏や神の前に告げて、その実現をめざして行動することをいいます。したがって、いま親鸞さまが、「世のひとびとをいのれ」といわれ、「世のいのりにこころをいれよ」と明かされるのは、現実の人間と社会に対する、自分自身の願いを仏の前に表白し、その実現のために行動せよということでありましょう。とすれば、その私における

人間と社会に対する願いとは、何を意味するかということなりますが、親鸞さまは、それについては何も指示されてはおりません。

しかしながら、私の思いによりますと、阿弥陀仏の本願を学ぶものとしては、そのことは何よりも、阿弥陀仏の願いこそ、自分自身の願いとして、生きていくべきであろうと思います。そしてその阿弥陀仏の四十八願の内容は、およそ四種類に分かれて、第一願文から第十一願文までは、私たち人間と国土、人類と世界のあるべき理想について誓った、人間成就と国土成就、人土成就の願であり、次の第十二願文から第十七願文までは、阿弥陀仏自身が、あらゆる人人を救済するためには、いかなる仏身であるべきかということを願った、仏身荘厳の願をいい、また第十八願文、第十九願文、第二十願文の三願は、私たち人間を、いかにして仏に向かって成熟させていくか、その方法、成仏道について誓った願をいい、第二十一願文から最後の第四十八願文までは、阿弥陀仏に救済されることの内実について誓った、救済勝益の願をいいます。そしていま私たちが抱くべき世の「いのり」としての願いに重なるものは、その人土成就の願の中の、はじめの第一願文から第四願文であろうと思います。

その人間成就の願としての、第一の無三悪趣の願とは、その〈初期無量寿経〉の意趣によれば、私たちが自分の心の奥底に宿しているところの三悪趣（三悪道）の心、すなわち、地獄の心としての愚痴、無明の心、餓鬼の心としての貪欲、我執の心、畜生の心としての瞋恚、闘争の心という、三種の煩悩を、すべての人人から、少しずつでも、なくしていこうという願いをいいます。

そして第二の不更悪趣の願とは、その不更とは再びもとに返らないことをいい、私の心の中から、そういう地獄、餓鬼、畜生の三悪道の心、愚痴、貪欲、瞋恚の心が、少しでもなくなったら、もはやもとには返らないようにという願いをいいます。かくして、この第一と第二の願文とは、人間一人ひとりが、仏法、念仏を学ぶことをとおして、少しずつでも三毒の煩悩を制御し、それを転成していくこと、それはすなわち、願作仏心として、仏に向かってだんだんと成っていく、そういう身、人格に成っていくということで、それはまさしく「人間成就のいのり」ともいうべきものでありましょう。

そして、次の国土成就の願としての、第三の悉皆金色の願とは、この人類世界のすべての人人の身体が、黄金に輝くようにという願いで、それは当時の古代インドの社会的事情が、さまざまな人種、民族によって皮膚の色が異るところから、厳しい差別と偏見とによって、抑圧が続いていたところ、そういう現実を否定して、みんなが平等であるようにと、願ったことを象徴したものと考えられます。

そして次の第四の無有好醜の願とは、人間の中で、美しいとか醜いとか、豊かであるとか貧しいとかという、あらゆる差別、格差がなくなって、すべてのものが、それぞれの個性が尊重されつつ、美しく豊かに、平等に生活できるようにという願いをいいます。かくして、この第三と第四の願文とは、人類世界の人人が、心をあわせつつ、さまざまな偏見、差別を排除し、それを変革して、あるべき理想の平等、平和なる世界に向かって成っていく、そういう社会的な成熟をとげていくことを願ったものです。それはすなわち、度衆生心として、この地上に少しでも浄土の姿が映現されてくるようになる、そういう社会を建設していくということで、それはまさしく「世界成就のいのり」ともいうべきものでありましょう。

私はいま、親鸞さまが教えられるところの、真宗者の生き方としての、「世のひとびとをいのれ」とか、「世のいのりにこころをいれよ」という世の「いのり」とは、このような阿弥陀仏の四十八願文の中の、第一願文と第二願文にもとづく人間成就の願と、第三願文と第四願文にもとづく世界成就の願を、自分自身の基本的な「ねがい」、「いのり」として、生きていけよと教示されたものであろうと思います。このように阿弥陀仏がその本願を建立される最初のところで、まずこのような人間成就の願と世界成就の願を誓われているることは、私たち念仏成仏の道を学ぶものにとっては、充分に銘記すべきことでありましょう。これからはこのような「本願」、「いのり」を欠落したままで、真宗における念仏、信心を学ぶようなことがあってはならないと思います。

親鸞さまは、さらにはまた、私たちの社会的な実践については、

わが身の往生一定とおぼしめさんひとは、仏の御恩をおぼしめさんに、御報恩のために御念仏こころにいれてまふして、世のなか安穏《あんのん》なれ、仏法ひろまれとおぼしめすべしとぞ、おぼえさふらふ。

（『親鸞聖人御消息集』真聖全二、六九七頁）

と教示されております。信心決定の人は、つねに念仏を心にいれてもうしながら、「世のなか安穏なれ、仏法ひろまれ」と願いつつ、たくましく生きていけよといわれるところです。そのことは何よりも、この地球、世界から、いっさいの争い、戦争がなくなって、ほんとうの平和が続きますようにと願うことであり、また人間が点火した火、エネルギーでありながら、人間自身では処置できないような、恐るべき脅威を宿す原子核の利用、原子力発電を中止することであり、そしてまた、この地球上から、いっさいの貧困と差別を撲滅していくことでありましょう。「世のなか安穏なれ」とは、何よりも先ずこの三点をこそ、最大の目標とすべきことであろうと思います。

なおまた、真宗者における社会的実践をめぐっては、今日的には、一般社会倫理のほかに、生命倫理、環境倫理をはじめとして、人権問題、家庭問題、教育問題、宗教問題など、まことに多様な課題が山積しており、これからの新しい真宗教学は、大乗仏教の根本原理

にまで立ちかえりながら、それぞれのテーマについて徹底して思索し、充分に解明して、真宗者をよろしく教導していくべきでありましょう。

4　真俗二諦論批判

今日における東西本願寺の伝統教学では、真宗者の社会的実践をめぐっては、上に見たような、親鸞さまによって明かされたところの、信心の「しるし」を生きるということも、また世の「いのり」に生きるということも、まったく語ることはありません。

そのような真宗者の社会的実践については、親鸞さま没後から今日に至るまで、それとはまったく異った、真俗二諦論《しんぞくにたいろん》を一貫して語りつづけております。この真俗二諦論とは、真諦、仏法の論理（諦）と、俗諦、世俗の論理（諦）の、二種の論理をうまく使い分ける教学理解であり、真宗者の社会的な実践を教えるについては、仏法、信心の論理と、世法、国家体制の論理とを明確に区分して、その真宗の信心とは、来世、死後に浄土往生するための正因（キップ）であって、現実の社会生活にはまったく関係がなく、その社会的な生き方については、つねに世俗なる国家体制と、それにもとづく世法に従って生きよというわけです。すなわち、真宗教義を、仏法と国法（世法）の二種、心と体、後世と現世の二重、二諦の原理に区分して、仏法とは、死後、来世のための原理であり、現世はつねに国法、国家の論理、世俗の原理に従って生きよというわけです。

そのことは、親鸞さまの没後に、覚如、存覚、蓮如によって設定、主張されたところであって、東西本願寺は、真宗念仏者の日常的な社会生活の在りようについては、その後の近世、近代から現代の今日に至るまで、そのような真俗二諦論を教示しつづけているところです。しかしながら、ことにかつてのアジア・太平洋戦争に際しては、東西本願寺教団はこの真俗二諦の論理にもとづいて、戦時教学なるものを構築し、仏法の道理に背いて、もっぱらその戦争を賛美し、多くの信者をしてその戦列に動員したわけで、その大きな錯誤は、厳しく反省されるべきところでありましょう。すなわち、今日に至る東西本願寺の伝統教学では、真宗信心というものが主客二元論の立場で捉えられて、それが「たのむ」ことであり、あるいはまた、さらには「もらう」こと、「まかす」ことであると解釈されるところでは、その信心とは、まったくの「甘え」の心情でしかなく、そんな信心において確かなる責任主体が成立し、自立するということが生まれてくるはずはありません。したがってそこでは、真宗者が社会的に行動をおこすについては、何らの主体性をもっていない自分自身の側からは、自主的な行動が生まれてくるはずはなく、つねにその時時の国家の論理、世俗の風潮に従うほかはありません。東西本願寺教団が、今日に至るまで、一貫して真俗二諦論を主張しつつ、つねに国家体制に追随し、それに順応してきた理由でもあります。

しかしながら、これからの真宗者は、そんな教団伝統の錯誤に従うことなく、それぞれが自分自身において真実信心を開発し、その信心にもとづくところの、まことの念仏的人格主体を確立し、その自立においてこそ、親鸞さまが教示されたところの、信心の「しるし」を生き、また世の「いのり」の道をこそ、心深く探ねつつ生きていくべきでありましょう。

ことにこれからの世界人類の政治的、経済的な動向は、いっそう復雑、深刻となり、さまざまな紛争、動乱はあいもかわらず続いていくことでありましょう。その中にあって日本国は、かつてのアジア・太平洋戦争ののちに、平和国家をめざして新しい国づくりをすすめたきましたが、最近ではそのことを否定して、再び戦争のできる国をつくろうと、もっぱら画策する政治的、経済的な動向が活潑になってきました。これからの日本は、いったいどういう方向に進んでいくのか。私たち真宗者が奉じる『無量寿経』には、「兵《ひょう》戈《が》無《む》用《よう》」（兵器と軍隊をもってはならない）（真聖全一、四一頁）と教言し、またその『観無量寿経』には、「慈《じ》心《しん》不《ふ》殺《せつ》」（真聖全一、六〇頁）と明示されております。決して戦争をしてはならない、決して他人を殺してはならないと、厳しく教えられているところです。

これからの真宗者の生き方が、いま改めて厳しく問われてくるところです。私たちはお互いに、心を凝らし、思いをひそめて、よくよく熟慮しつつ、念仏者としてのまことの生き方を、しっかりと見定めつつ生きてまいりましょう。

（二〇一三年二月二六日、於サンマテオ・マリオットホテル、開教使対象講義）

第五章　「こと」と「もの」の真宗教義

一　「こと」としての真宗

1　「こと」の論理と「もの」の論理

私は今日までおよそ八十年間にわたって、ただひとすじに、親鸞さまについて学んできましたが、いまになって、やっと真宗の教義について、「こと」として語られる真宗教義と、「もの」として語られている真宗教義があることに気づきました。その「こと」とは、動詞として、主客一元論の立場で主体的に捉えられることをいい、「もの」とは、名詞として、主客二元論の立場で客体的に捉えられるものをいいます。そのことはたとえば、「生きる」といえば、それは動詞であり、またその「生きる」については、一人、単独で生きることはできません。私が「生きる」については、誰かによって「生かされて」こそ成りたつわけで、それは当然に、主客一元論的、主体的、実践的であり、さまざまな人間関係が予想されます。まさしく主体と客体、私と他者との相互相依の中でこそ、「生きる」ということは成立します。それに対して、「生命」といえば、それは「生きる」ということに重なる言葉ではありますが、「生命」とは名詞であり、それは主客二元論的に、客体的、説明的に、それ自身を捉えていうわけで、何の「生命」をいうのか、誰の「生命」のことか、ということになります。すなわち、それはまったく客観的、対象的に捉えられるところの話です。そして私の領解からいいますと、そのような「こと」、動詞なる主客一元論の立場は、すなわち、大乗仏教の立場でもあって、それは煩悩即菩提、生死即涅槃といわれる論理で、鈴木大拙師が語られる般若の論理、即非の論理とは、まさしくこのような「こと」の論理にほかならないと思います。

かくして、真宗の教義を、「こと」として、「生きる」という動詞、主客一元論的に、主体的、実践的な視座から捉えるならば、そこでは必然的に主語がともないます。親鸞さまの著作においては、しばしば「愚禿釈の鸞」とか、「親鸞におきては」というように、明確な主語が見られます。しかしながら、覚如や蓮如の著作には主語は見られません。それはその著作が、すべて「もの」の話として語られているからです。そのことは、後世における、真宗の教語について語った法語集においてもそうで、明確に主語をもった、自己表白として語られたものと、まったく主語のない、たんなる客体的な説明体として語られたものがあります。まさしく「こと」、動詞としての真宗が語られているか、「もの」、名詞としての真宗が語られているかということです。すなわち、「生きる」という「こと」としての真宗か、「生命」という「もの」としての真宗かということです。

すべてがそうだとはいいませんが、世の中の多くの僧侶は、真宗の教え、その真宗の信心を語るについて、主語のない「もの」、名詞としての真宗を語っているようです。阿弥陀仏についても、浄土についても、また信心についても、すべて私にとってはという主語の欠落したところの、「もの」の「はなし」を客観的に語っているのではありませんか。そんな「もの」、名詞の「はなし」をいくら聴聞しても、まことの信心がえられるはずはないでしょう。「もの」、名詞としての「生命」を、どれほど詳細に研究し、学習しても、自分自身の生き方、その人生生活には、何らの意味もないでしょう。しかしながら、誰かが自分の人生経験をめぐって、主語をもって語るところの、「こと」、動詞としての「生きる」という「はなし」を聞くならば、そこにはそれなりの深い意味があり、また自分自身の人生生活についても、いろいろと多くのことを学ぶところがあるでしょう。

真宗教義、真宗信心を学ぶについては、何よりもそういう「こと」としての動詞、主体的な主客一元論的な立場に立って、主語をもって語られるところの、真宗を学ぶべきであって、たんなる「もの」、名詞としての、客観的な主客二元論の立場で語られる、主語のない真宗は、それをいくら学んでも、それは知的な学習にはなるとしても、まことの信心の開発につながることはないでしょう。真宗の仏道を学ぶについては、よくよく心して学んでください。

2　親鸞における教行信証

そこでその「こと」、動詞としての真宗教義を、親鸞さまの主著『教行証文類』について見ますと、そこでは明瞭に、その「こと」の論理が貫徹されていることが知られます。すなわち、その教、行、信、証の主題について見ますと、そこではそれらがすべて、「こと」、動詞として、主客一元論的に捉えられ、開顕されております。

先ず、その教について見ますと、親鸞さまによると、真宗における真実の教法とは〈無量寿経〉であります。そしてまた、その真実の行とは称名念仏行であります。そしてその真実なる信とは本願の信楽、信心をいいます。そしてその真実の証とは、今生と来世に分かれて、私が今生で身にうる証とは、仏道五十二段階中の第四十一位なる正定聚、不退転地をいい、それは今生において現生往生をえ、「仏に成るべき身と成る」ことであり、来世においては、浄土に至って成仏涅槃をひらくことをいいます。そして親鸞さまは、それらの教、行、信、証の何れについても、すべて「こと」の論理によって、見事に解説されているところです。以下そのことについて、いささか考察してみましょう。

(1)「こと」としての教——〈無量寿経〉

親鸞さまは、浄土真宗の根本経典である〈無量寿経〉について、それは釈迦仏が、阿弥陀仏の本願について教説したものであるといわれます。すなわち、その「正信念仏偈」に、

如来、世に興出したまう所以は、ただ弥陀の本願海を説かんとなり。（真聖全二、四三〜四四頁）

と明かされるところです。その〈無量寿経〉とは、かつて釈迦仏が、その出世本懐の経典として、開説されたものであるというわけです。しかしながら、親鸞さまはまた、この〈無量寿経〉を解説して、その『浄土和讃』に、

久遠実成阿弥陀仏　五濁の凡愚をあはれみて　釈迦牟尼仏としめしてぞ　迦耶城には応現する。（真聖全二、四九六頁）

と語られ、〈無量寿経〉とは、阿弥陀仏自身が、釈迦仏として示現し、迦耶城（親鸞の理解によると Kapilavastu のことで、釈迦仏が誕生した処）に出生して、教説されたものだといわれ

ます。すなわち、親鸞さまによれば、真宗の根本経典としての〈無量寿経〉とは、この現世における釈迦仏が、向上的に出世なる阿弥陀仏について、教説したものであると捉えるとともに、またそれは、出世なる阿弥陀仏自身が、向下的に釈迦仏として示現し、開説したものであるといって、それは釈迦仏（主体）の、「向上」的な教説であるとともに、それは弥陀仏（客体）自身の、「向下」的な教説でもあるといわれるわけです。すなわち、真実の教としての〈無量寿経〉とは、まさしく「こと」として、主体と客体の相即、「向上」と「向下」の即一において、主客一如なる動詞としての教法であるということです。

(2)「こと」としての行——称名念仏　次の真宗における行としての称名念仏とは、親鸞さまにおいては、その称名念仏を誓った第十七願文を解釈するについて、

この如来の往相廻向につきて、真実の行業あり。すなわち諸仏称名の悲願にあらわれたり。（『浄土三経往生文類』（広本）真聖全二、五五一頁）

と明かし、またその第十七願文を「往相正業の願」（『浄土文類聚鈔』真聖全二、四四三頁）と捉えて、それは私における往生成仏のための、私から仏に向かう「行位」なる、私の行業であると主張されますが、また同時に、その第十七願文とは、

諸仏称名の願とまふし、諸仏咨嗟の願とまふしさふらふなるは、十方衆生をすすめん

ためときこえたり。

（『親鸞聖人御消息集』真聖全二、七一一頁）

と明かし、あるいはまた、その第十七願文を「諸仏称名の願」（「行文類」真聖全二、五頁）とも解されて、それは諸仏、さらには阿弥陀仏の、私に対する名のり、告名、呼びかけ、招喚の、仏から私に向かう「教位」なる阿弥陀仏の声でもあって、それは私にとっては、もっぱら聞かれるべきものでもあると教説されております。かくして、真宗における行としての称名念仏とは、私（主体）の仏に対する「行位」なる称名であるとともに、それは阿弥陀仏（客体）の私に対する「教位」なる称名でもあるといわれるわけであります。すなわち、真宗における行としての称名念仏とは、まさしく「こと」として、私における行業であるとともに、阿弥陀仏の告名でもあって、「行位」と「教位」の両者即一、主客一如なる、動詞としての称名であるということです。親鸞さまが、名号（教位）と称名（行位）とを、即一して語られるゆえんでもあります。

(3)「こと」としての信――真実信心

そして次の真宗における信としての真実信心とは、親鸞さまにおいては、その「信文類」の「別序」によりますと、それは「信楽」であり、「真心」であるといわれます。その「信楽」とは、『無量寿経』の第十八願文に示される語にして、その原語は、基本的にはチッタ プラサーダ（citta prasāda）で、心が澄んで喜びが生まれることをあらわし、それはまた、三昧《さんまい》（サマーディ samādhi・定心）に重層して、新しく智慧がひらけてくること、すなわち、「めざめ」体験でもあるといいえます。親鸞さまが、この信心を「信ずるこころのいでくるは、智慧のおこるとしるべし」（『正像末和讃』左訓『親鸞全集』〈法藏館〉第二巻、和讃篇、一四五頁）と明かされるゆえんでもありま す。それはまさしく、私の仏についての無疑信知の心のことです。しかし、親鸞さまは、その信心のことを、また「真心」ともいわれるわけですが、その真心とは真実心のことであって、それは私の心のことではありません。私の心は、どこまでも虚妄汚染なる心であって、真心といいうるものではありません。真心とは、明らかに仏心をいうわけです。いま親鸞さまは、私の信心を明かすについて、それを真心、仏心だといわれるのです。

大信心は仏性なり　仏性すなはち如来なり。（『浄土和讃』真聖全二、四九七頁）

と明かされる理由でもあります。それはまさしく仏の私についての無疑信知の心のことです。すなわち、その「信文類」の本願三信心釈の教義釈において、その信楽を解説するにあたり、それが私における疑蓋無雑《ぎがいむぞう》の心であるといい、また同時に、それが阿弥陀仏の疑蓋無雑の心でもあると、明かされているゆえんでもあります。かくして、真宗における真実信心とは、私（主体）の仏に対する、「人位」なる無疑信知の心としての信心であるとともに、それは仏（客体）の私に対する、「仏位」なる無疑信知の心でもあるといわれるわけです。すなわち、真宗における真実信心とは、まさしく「こと」として、私における信心であるとともに、阿弥陀仏の信心でもあって、「人位」と「仏位」の両者即一、主客一如なる、動詞としての信心であるといいうるところです。

(4)「こと」としての証——往生成仏

そしてまた、次の真宗における真実の証とは、『無量寿経』における第十八願文によりますと、「もし生まれずば正覚を取らじ」（真聖全一、九頁）といい、その『如来会』では、「もし生まれずば菩提をとらじ」（真聖全一、一九〇頁）と説いておりります。なおその第十八願文の原形としての、〈初期無量寿経〉の『大阿弥陀経』の第五願文によりますと、そこでは「この願をえずば、ついに作仏せず」（真聖全一、一三七頁）と誓っております。その何れにおいても、阿弥陀仏はその本願文において、私が浄土に往生成仏しないかぎり、阿弥陀仏自身も成仏しない、私の「往生」と阿弥陀仏の「正覚」とは、同時に成立するものであると誓願しているわけです。このような本願文における私の往生と仏の正覚、私における信心開発と阿弥陀仏の成仏とは、同時に成立するという経説をめぐっては、いかに領解すべきでしょうか。

かつて一念義を主張した西山浄土宗の開祖である証空は、阿弥陀仏はそのように誓願しながらも、すでに十劫の過去に、正覚を成じて仏に成っているわけだから、私たちもまた、すでに十劫の過去に往生しているのだ、だからそのことを、ただちに一念信知するならば、それにおいて、現身に即便往生をうるのだと主張したわけです。まことに観念論的な解釈で、そこでは何ら究極的な宗教的体験も語られることはなく、経典の真意はまったく領解されてはおりません。

それに対して、親鸞さまは、その阿弥陀仏の成仏をめぐっては、その『浄土和讃』に、

弥陀成仏のこのかたは　いまに十劫とときたれど
塵点久遠劫よりも　ひさしき仏とみへたまふ。
（真聖全二、四九二頁）

と明かして、阿弥陀仏とは、永遠の過去に成仏したところの、本来成仏の仏であると捉え、そしてまた、その本願については、

弥陀の五劫思惟の願をよくよく案ずれば、ひとへに親鸞一人がためなりけり。
（『歎異抄』真聖全二、七九二頁）

と語って、阿弥陀仏の本願とは、まさしく私一人のために誓願されたものであると、まったく主体的、主客一元論的に領解されております。すなわち、阿弥陀仏とは、本来成仏の永遠の仏でありながら、それはまた、それと同時に、私の信心の開発、往生に即してこそ、はじめてよく成仏されるものであって、私の「往生」と仏の「正覚」とは、相即して同時であると領解されているわけです。そのことについては、かつて東本願寺の清沢満之が、

私共は神仏が存在するが故に神仏を信ずるのではない。私共が神仏を信ずるが故に、私共に対して神仏が存在するのである。

（「宗教は主観的事実なり」『清沢満之全集』（法藏館）第六巻、一〇三頁）

と明かしたのは、そのような理解に重なるものでありましょう。ここでは、私（主体）の「往生」と仏（客体）の「正覚」が、相即して一体であるというように、主客一元論的に捉えられているところであり、それはまた、「自利」（仏の正覚）と「利他」（私の往生）とが、即一するともいいうるわけで、ここにはまさしく、大乗仏教の根本原理が、よくよくうかがわれるところであります。

なおまた、親鸞さまによると、その往相と還相については、私の往生成仏としての往相とは、またそのまま、成仏ののちの他者作仏、衆生済度のための還相摂化、還相に直接すると領解されているわけで、ここで主張されるところの私の「往生」と仏の「正覚」の即一、そしてまた、仏における「自利」と「利他」の即一、私における「往相」と「還相」の即一とは、真宗における真実の証が、まさしく「こと」、動詞として、まったく主体的に、主客一元論的に領解されていることを、ものの見事に表明していることを、よく物語るものでありましょう。

ただし、この問題をめぐっては、西本願寺の伝統教学では、いまなお、まったく主客二元論的に捉えて、阿弥陀仏が十劫の昔に成仏したのは、私が往生するための「論理」、原理が成立したからであり、私が往生するという「事実」は、私たち一人ひとりの責任であるといって、そのことを阿弥陀仏の成仏の論理と、私における往生の事実とに、まったく二分して説明いたします。そしてそのことを、薬とその服用という関係にたとえて、阿弥陀仏が成仏したのは、この薬を飲めば、必ず治癒するという薬（名号）が完成したから、阿弥陀仏は自分の責任はすでに終了したということで成仏したわけであり、その薬を飲むか、飲まないか（信心）は、私たち一人ひとりの責任であるといっております。

このことは、私の往生と仏の成仏とを、まったく二元論的に分別したところの観念論的な解釈です。そのことは、この世俗のところに重ねていえば、わが子が風邪《かぜ》にかかって急に高熱がでた時、母親があわてて薬局から薬を求めて飲ませようとしたら、その子供がいやがって飲まないといった時、母親は、その薬を子供の前において、私はこうして薬をもらってきたのだから、母親としての責任はもう果たした、このあと、この薬を飲むか飲まないかは、あなたの責任ですよ、というようなものでしょう。しかしながら、そんな母親がどこにいるでしょうか。まことの母親なれば、叱ってでも、だましてでも、必ずその薬を飲ませることでしょう。そしてその病気が完全に治癒した時、はじめて母親はその責任を果たしたと思うのではありませんか。

同じように、大慈大悲の阿弥陀仏であるならば、このように二元論的に考えて、私の往生の前に、自分の責任はすでに果たしたというはずはないでしょう。このように、私の往生と仏の正覚とを、まったく主客二元論的に、「論理」と「事実」に分別して理解する発想が、まったく非大乗仏教的な誤謬であることは明白でしょう。

そしてまた、西本願寺の伝統教学では、いまひとつ、阿弥陀仏の発願と修行とその成仏は、衆生一人ひとりについてなされるもので、一人の衆生が往生するたびに、一体の阿弥陀仏が成仏するといい、法蔵菩薩とは、いま現在、衆生の数だけ無数に存在しているという考え方があります。これを数々成仏説《さくさくじょうぶつせつ》といいます。しかしながら、これもまた、阿弥陀仏を主客二元論的、外在的に捉えて、その往生正覚一体の経説を、観念論的に説明しただけであって、まったく主体の欠落した解釈といわざるをえないでしょう。

二　「もの」としての真宗

1　本願寺伝統教学の実態

そこで次に「もの」、名詞として、主客二元論の立場で捉えられている、東西本願寺の伝統教学の真宗教義について、いささか概観してみましょう。今日における東西本願寺教団の伝統教学は、親鸞さま没後に、関東の門弟教団に対抗して、新しく京都に本願寺を創建した、親鸞さまの曾孫、本願寺第三代を名のった覚如（一二七〇～一三五一）と、その長子の存覚（一二九〇～一三七三）によって、その基礎が形成され、そしてそののち、第八代の蓮如（一四一五～一四九九）によって補強されて成立したものです。

その覚如と存覚は、親鸞さまの思想、教学については、ほとんど学ぶことがなく、当時、京都で教線を拡大していた、法然門下の一念義、証空によって開創された西山浄土宗に帰依し、ともに京都の樋口安養寺の阿日房彰空の弟子となり、その西山浄土宗の教義を学び、それを摂取、模倣して、新しく真宗教義を構築していきました。だから、東西本願寺の真宗教義は、親鸞さまによって開顕されたところの、原典としての〈無量寿経〉の教説、そしてそれをうけて、易行なる在家者の菩薩道を説教した、龍樹の浄土教思想、そしてそれを新しく発掘することによって形成されたところの、すでに上に見たような、称名、聞名、信心の道という、まことの浄土真宗の教義、その仏道というものについては、まったく無知にして、何ら継承されることはありませんでした。

そしてまた、蓮如も、ほとんど自学自習して真宗教義を身につけたようで、その真宗理解の基本は、もっぱら覚如の教学を踏襲しているところです。しかし、この蓮如もまた、上に述べた西山浄土宗の、阿日房彰空が執筆したと考えられる『安心決定鈔』を重宝し、それを「金《こがね》をほり出す様なる聖教なり」（『蓮如上人御一代記聞書』真聖全三、五九五頁）とまでいって、重視しておりますので、蓮如もまた、西山浄土宗の教義を模倣していることは明白です。しかもまた蓮如は、法然門下にして多念義なる弁長によって開宗されたところの、鎮西浄土宗の教義をも摂取しております。すなわち、蓮如は、真宗における信心を説明するについて、しばしば「後生たすけたまへとたのめ」と教示しておりますが、この「たすけたまへ」と「たのむ」という言葉は、もともとは鎮西浄土宗の、一条流において主張された教語であります。したがって、蓮如は早いころには、この言葉をめぐって、「たとひ名号をとなふるとも、仏たすけたまへとはをもふべからず」（『帖外御文章』真聖全五、一二八七頁）といって、「たすけたまへ」といってはならないといい、また、その一条流の信心理解についても、「それは浄花院の御心えどをりにてさふらふほどにわろく候」（『帖外御文章』真聖全五、四七二頁）などといって、厳しく批判していたわけですが、そののち、この一条流の法語が、ひろく世間に流布していったところ、蓮如はやがて、自分自身もこの用語を使用するようになったわけです。まことにもって、無定見、無節操というほかはありません。

かくして、覚如、存覚、蓮如らによって構築された真宗教義とは、そこには開祖親鸞さまによって開顕された、浄土真宗の原点としての称名、開名、信心の道は、まったく継承されることはなく、それは基本的には、一念義の西山浄土宗と、多念義の鎮西浄土宗の教義を模倣、合糅して、教説したものといわざるをえないわけです。

2 西山浄土宗と鎮西浄土宗

(1)証空・一念義・西山浄土宗

ところで、その一念義なる西山浄土宗とは、その開祖の証空（一一七七～一二四七）によって創始されたわけですが、その一念義とは、すでに上でも指摘したように、阿弥陀仏は、その第十八願文に、「もし生まれずば正覚を取らじ」といって、私を往生せしめることに即して、正覚をとると誓願されているにもかかわらず、すでにその阿弥陀仏は、十劫の昔に成仏されているところ、私たちもまた、すでに十劫の昔に往生しているわけで、そのことをいまここにして一念信知すれば、ただそれだけで、即便往生をえて仏道は成就するというわけです。すなわち、阿弥陀仏の正覚の覚体である名号こそが、名体不二、願行具足、機法一体であって、その名号が、私の往生の行体であり、それに帰するということにより往生の業事が、成弁するわけであって、そののちは、ひとえに報恩行としての称名念仏、およびその他の行業を勉励せよと教えているところです。そしてまた、証空は、聖道教が説くところの諸善万行は、すべて念仏胎内の善であって、浄土に往生するためには、念仏以外のあらゆる善根功徳でもよいと主張しました。すなわち、当時の旧仏教、聖道教からの念仏弾圧に屈服して、恩師法然の専修念仏の主張を放棄し、それを裏切ったわけです。かくして、西山浄土宗では、浄土に往生するためには、念仏でも諸行でも、何れでもよいと教説しているところです。

⑵弁長・多念義・鎮西浄土宗

そしてまた、多念義なる鎮西浄土宗とは、その開祖の弁長（一一六二～一二三八）によって、創始されたものですが、その多念義とは、できるかぎり多くの称名念仏を修めて、平生に三昧見仏するか、または臨終に来迎見仏することによって、浄土に往生をうることができると主張するものです。かくして弁長は、その称名念仏について、尋常行儀、別時行儀、臨終行儀の三種の行儀を定めておりますが、その尋常行儀とは、その日日における称名念仏の修め方をいい、別時行儀とは、特別の日時と場所を設定しておこなう称名念仏をいい、また臨終行儀とは、臨終にあたっておこなうべき特別の称名念仏の作法をいいます。そして弁長は、その臨終の念仏において、まさしく仏の来迎をえ、見仏し正念に住してこそ、よく浄土に往生をうることができるというわけで、もしも臨終の相が悪い場合には、往生できず、悪道に堕すと語っております。臨終の善悪を厳しく問うたわけです。そしてまた、弁長は、阿弥陀仏の誓願には、総願と別願があるといい、その総願とは、四弘誓願のことで、そこでは諸行往生が誓われ、その別願とは、四十八願をいい、その第十八願文には念仏往生が誓われていて、阿弥陀仏の誓願には、諸行往生と念仏往生の二類の往生が誓われているといいます。すなわち、この弁長もまた、当時の厳しい聖道教からの弾圧に妥協して、恩師の法然の専修念仏の主張を放棄し、裏切ったわけです。かくして、鎮西浄土宗では、浄土に往生するためには、念仏でも諸行でも、何れでもよいと教説しているところです。

(3)親鸞における一念義・多念義批判　かくして、法然の門下にして、現在において、その浄土教を継承しているものは、この証空の西山浄土宗と、弁長の鎮西浄土宗と、親鸞さまの浄土真宗の三流派だけですが、その西山浄土宗、鎮西浄土宗は、何れも法然の専修念仏の主張を裏切ったわけであり、法然がその生命をかけて主張したところの、念仏成仏こそが唯一真実の仏道であるという主張は、今日ではただひとり、浄土真宗だけが護り伝えているということです。

その点、この西山浄土宗および鎮西浄土宗では、念仏往生とともに、諸行往生も認めるところ、そこでは必然的に、仏道が雑行雑修の道となって、まことの仏道というものは成立いたしません。そのことについては、すでに上においても明かしたように、私がその往生成仏の道として称名念仏をもうすということは、何よりもその前提として、「ただ念仏のみぞまことと」という、明確な「選び」の決断が要求され、そのような念仏一行を、選びとるということをただ一点の基軸、梃子《てこ》としてこそ、はじめてあらゆる世俗的な価値を相対化でき、それにもとづいて、よく出世志向の真実の仏道が成立してくることとなるわけであります。

その意味においては、この西山浄土宗および鎮西浄土宗における仏道とは、もはや雑行雑修なる道で、出世の世界を志向することは不可能であり、それはまことの仏道といわれるものではありませんでした。すなわち、かつて親鸞さまが関東に在住して、その本願念仏の道を布教、伝道されていたころ、この西山浄土宗の証空は、法然門下の蓮生をともなって関東の各地を行化して、その一念義を弘めていきましたが、当時の史料によりますと、そこでは念仏以外の諸行を是認したのみでなく、当時の関東地方に蔓延していたところの、諸種の現世祈禱、現世利益なる日本古来の民俗信仰から神祇崇拝までを摂取し、それと重層して教導していたようで、それはもはや、まことの仏法、仏道というものではなかったようです。そしてまた、他方の鎮西浄土宗も、それと対立しつつ、第二祖の良忠は、鎌倉に北条経時の支持のもと、悟真寺という寺を建立し、それを拠点として、関東一帯に、その多念義を布教、伝道しておりましたが、そこでもまた、同じように、現世祈禱、現世利益の民俗信仰から神祇崇拝までを取り込んで布教し、まことの仏道を教示するものではなかったようです。

親鸞さまは、自らも関東の各地を行化しつつ、そのような諸状況を、つぶさに見聞され

ていたようで、その『一念多念文意』には、

一念多念のあらそひをなすひとおば、異学・別解のひととまふすなり。異学といふは、聖道・外道におもむきて、余行を修し、余仏を念ず、吉日良辰《きちじつりょうしん》をえらび、占相祭祀《せむそうさいし》をこのむものなり、これは外道なり。（真聖全二、六一三頁）

と明かされております。ここで「一念多念のあらそひをなすひと」というのは、明らかに、証空の西山浄土宗と弁長の鎮西浄土宗のことでしょう。そしてその「異学・別解のひと」とは、それに左訓して、「ことごとをならいまなぶなり。じりきのひとなり」といわれますが、このことは、仏教以外の、さまざまな外教、邪道に心をよせる人をいうわけで、親鸞さまは、それを註解して、「異学といふは、聖道、外道におもむきて、余行を修し、余仏を念ず、吉日良辰をえらび、占相祭祀をこのむものなり」と語られるところからすれば、それはすでに上において指摘したように、当時の関東一円に蔓延していたところの、余仏を念じ、余行を修め、また現世利益を求めて、吉良日を選び、占相に迷い、さまざまな神神を奉祭し祈禱するというような、民俗信仰を信奉することを意味していると思われます。そして親鸞さまは、それらを結んで、「これは外道なり」といって、それはもはや仏教ではなくて、邪偽なる外道、誤った邪教であるとまでいって批判されているところです。まことに厳しい指摘であります。

しかしながら、親鸞さま没後において、覚如は本願寺を創設するにあたり、その外道なる西山浄土宗の教義を摂取、模倣して、新しく真宗教義を構築し、またそののちに、蓮如もまた、その外道なる鎮西浄土宗の教義を取り入れて、真宗信心を語ったわけです。これでは東西本願寺の伝統教学は、親鸞さまによって、仏法にあらざる外道、邪教とまで批判された、西山浄土宗と鎮西浄土宗の教義をもって、構築されているということでありましょう。覚如や蓮如は、このような『一念多念文意』における一念義と多念義、すなわち、その西山浄土宗と鎮西浄土宗に対する、親鸞さまの厳しい批判の文章を、まったく読んでいなかったのでしょうか。これでは、今日の東西本願寺の伝統教学は、仏教にあらざる外道を教説しているということでしょう。まことにもって愚かなはなしではあります。

3　覚如の真宗理解

そこでいますこし、その覚如と蓮如の真宗理解について考察してみましょう。

その覚如については、その行業をめぐる理解は、

真実の行といふは、さきの教にあかすところの浄土の行なり。これすなはち南無阿弥陀仏なり。（『教行信証大意』真聖全三、五九頁）

と明かし、また

かの仏の因位の万行果地の万徳、ことごとくに名号のなかに摂在して、十方衆生の往生の行体となれば、阿弥陀仏即是其行と釈したまへり。（『執持鈔』真聖全三、四三頁）

というように、真宗における行業とは、南無阿弥陀仏なる名号そのものをいい、その名号の中には、あらゆる万徳、万行なるパワーが摂在されており、その名号こそが、私たちの往生の「行体」であるというのです。まさしく真宗における行を、「もの」、名詞として、主客二元論的、客体的に捉えているわけです。このことは、すでに上に見たところの西山浄土宗において、名号とは、願行具足、機法一体、名体不二なるもので、その名号こそが、私たちが浄土に往生できるあらゆる能力を具足するものだ、ということをうけていることは明らかです。そのことは、親鸞さまが、真宗における行業とは、私における称名（行位）であり、それはまたそのまま、阿弥陀仏、諸仏の称名（教位）でもあるといって、まったく主客一如の「こと」、動詞として教示されたところとは、大いに相違する理解であります。

ことにここで、名号が名体不二であるという理解は、今日の西本願寺の伝統教学では、いまもって盛んに語られているところですが、こんな発想は、もはや大乗仏教でもなく、まして親鸞さまがそんなことをいわれるはずはありません。それはひとえに西山浄土宗の教説です。その名体不二とは、その名とは、名称、すなわち、南無阿弥陀仏なる六字の名字をいい、その体とは、「ものがら」、本体、実体のことで、それは阿弥陀仏の生きとし生けるものに対する、大慈大悲なる働きのすべてをいうわけです。とすると、ここで名号が名体不二であるとは、そのたんなる名称、象徴表現でしかない六字の名字そのものに、阿弥陀仏そのものの本体としての、能力、作用のすべてが摂まっているということを意味するわけで、それはあたかも、神社の名前を書いた「お守り札」に、不可思議なる神霊、威力がこもっているということと、まったく重層する発想でありましょう。西山浄土宗は、もともとそういう日本古来の民俗信仰に転落し、それと重層しているわけで、いまの名体不二とは、まさしくそういう日本伝統の民俗宗教における呪術信仰、「お守り札」の発想でしかなく、それはとうてい仏教といいうるものではありません。まことの大乗仏教の立場からすれば、すでに親鸞さまが、その「化身土文類」に引用される、『大智度論』の「義に依りて語に依らざれ」（真聖全二、一六六頁）という教言が意味するように、仏教における言説とは、すべて真実、究極なるものを示教するところの象徴表現、「指月の指」としての方便、手段でしかないというわけで、その言説そのものを実態的、効能的に捉えることは、その指と月とを混同したところの、まったくの誤謬でしかありません。そのことは、親鸞さまが、「弥陀仏は自然のやうをしらせんれうなり」（『自然法爾章』真聖全二、五三〇～五三一頁）と明かされるところにも明瞭であります。ここでは阿弥陀仏とは、この宇宙世界を貫徹するところの普遍の道理、自然法爾の世界を、私たちにわかりやすく理解させせるために、その方便、手段として語られたものであるというのです。その点、覚如には、大乗仏教の基本原理が、何ら理解できていないわけで、伝統教学がいまもって、この名体不二を語っていることは、真宗信心が、大乗仏教の本義を逸脱して、まさしく民俗宗教、その呪術信仰、外道に転落していることを、ものの見事に物語っているわけでしょう。

そしてまた、その信心をめぐる理解については、

真実の信といふは、かみにあぐるところの南無阿弥陀仏の妙行を真実報土の真因なりと信ずる真実の心なり。（『教行信証大意』真聖全三、五九頁）

と明かすように、その名体不二なる名号そのものを対象とし、それが私の浄土往生の真因であると信じることだといいます。かくしてここでは、その信心とは、上に見たような、仏教の本義としての本願文の信楽、チッタ　プラサーダ（心澄浄）なる「めざめ」体験としての信心ではなく、阿弥陀仏の名号、その仏体に対するところの、主客二元論的、対象的な、「もの」、名詞としての依憑の心的態度をいうわけで、覚如が、その信をめぐって、しばしば「帰す」と表現することは、そのことを意味するところでしょう。覚如は、またその信心を明かすについて、「仏語に帰属する」（『改邪鈔』真聖全三、八八頁）といい、また「仏智に帰属する」（『改邪鈔』真聖全三、八六頁）といい、さらには「本願に帰託する」（『口伝

鈔』真聖全三、三三頁）などと語りますが、このことは、覚如における信心というものが、まったく阿弥陀仏に対する主客二元論的、対象的な、「もの」、名詞なる、依憑としての心的態度を意味していることを、よくあらわしているわけでしょう。その点、親鸞さまにおける信心理解が、「信楽」として「人位」において捉えられるとともに、また同時に、それを「真心」として「仏位」において捉えられ、主客一如の「こと」、動詞として理解されていることとは、大いに相違するところです。

かくして、覚如における行と信については、それは何れもまったく「もの」、名詞として、主客二元論的、対象的に捉えられているところであって、それは大乗仏教の基本的原理とも、また親鸞さまの根本意趣とも、遠く逸脱した理解であることは明瞭です。

ことに覚如は、その信心の理解をめぐって、

願力不思議の仏智をさづくる善知識の実語を領解せずんば往生不可なり。（『改邪鈔』真聖全三、六五頁）

知識伝持の仏語に帰属するをこそ、自力をすてて他力に帰するともなづけ、また即得往生ともならひはんべれ。（『改邪鈔』真聖全三、八八頁）

などと語るように、その信心の成立をめぐっては、善知識（親鸞の血統を継いだもの）が、阿弥陀仏と人間の仲介者になってこそ、よく成りたつといいます。そしてまた、その善知

識とは、『改邪鈔』によりますと、「生身の如来にもあひかはらず」といい、またそれは「如来の代官」（真聖全三、八六頁）でもあるといいますが、ここでいう生身の如来とは、「生《い》き仏《ほとけ》」ということを意味し、また如来の代官とは、「権力の代行者」ということでしょう。覚如は自分自身を生き仏、如来の代官であるといっているわけです。まあよくもいったものです。いかなる根拠をもってそんなことがいいえたのでしょうか。ここには覚如における貴族意識と、真宗信者を愚民視していた傲慢不遜な態度が、よくようかがわれるところで、そこには、親鸞さまが、「親鸞は弟子一人ももたずさふらう」（『歎異抄』真聖全二、七七六頁）といわれたような発想は、まったく存在してはおりません。それとは異質な地点に立っていたわけです。

そして覚如は、

信心歓喜乃至一念のとき、即得往生の義治定ののちの称名は仏恩報謝のためなり。（『最要鈔』真聖全三、五二頁）

などと語るように、その信心が決定したのちは、もっぱら称名念仏して、仏恩を報謝せよといいますが、このような称名報恩の思想は、証空および幸西の一念義において主張されたもので、いまはそれを継承したもので、覚如の行道理解は、親鸞さまの根本意趣とは、まったく異質であるといわざるをえません。

4　蓮如の真宗教学

次に蓮如の真宗理解をめぐっては、その行業については、その『正信偈大意』に、

十方の諸仏にわが名をほめられんとちかひましまして、すでにその願成就したまへるすがたは、すなはちいまの本願の名号の体なり。これすなはちわれらが往生をとぐべき行体なりとしるべし。（真聖全三、三八九頁）

などと明かして、本願の名号こそが、私が浄土に往生するための「行体」であって、この名号そのものの働きによってこそ、浄土往生の業事は、すべて成就するというわけです。ここでもまた、真宗における行を、主体の欠落した主客二元論的、客体的な「もの」、名詞として捉えているところで、そのことが覚如の理解をうけていることは明瞭です。そしてまた、蓮如は、

南無阿弥陀仏といへる行体には、一切の諸神・諸仏・菩薩も、そのほか万善・万行も、ことごとくみなこもれるがゆへに、なにの不足ありてか、諸行・諸善にこころをとどむべきや。すでに南無阿弥陀仏といへる名号は、万善・万行の総体なればいよいよたのもしきなり。（『御文章』（『御文』）真聖全三、四三八頁）

とも語って、その阿弥陀仏の名号には、「一切の諸神」のパワーまでもこもっているといいますが、遠くインドにおいて成立した阿弥陀仏思想に、何ゆえに日本の神神のパワーが

「こもる」といいうるのでしょうか。まことにでたらめ、無責任な説明です。ここにもまた、その行を、まったく主客二元論的、客体的な、「もの」、名詞として捉えていることが明白です。ことに日本の神祇思想については、親鸞さまによって厳しく批判、排除され、神祇不拝の姿勢が教示されているところですが、にもかかわらず、蓮如は、その神祇思想を真宗信心に取り入れているわけです。それはまさしく蓮如自身が批判したはずの、雑行雑修の最たる行道理解です。まことに愚かなきわみです。

そしてまた、その信心については、

なにのわづらひもなく、ただ一心に阿弥陀如来をひしとたのみ、後生たすけたまへとふかくたのみ申さん人をば、かならず御たすけあるべき事さらさらうたがひあるべからざるものなり。（『御文章』（『御文』）真聖全三、五一五頁）

なにのやうもなく、ひとすぢにこの阿弥陀ほとけの御袖にひしとすがりまいらするおもひをなして、後生をたすけたまへとたのみまうせば、この阿弥陀如来はふかくよろこびましまして、その御身より八万四千のおほきなる光明をはなちて、その光明のなかにそのひとをおさめいれてをきたまふべし。（『御文章』（『御文』）真聖全三、四四四頁・五〇九頁）

などと明かして、阿弥陀仏に向かって、いちずに「たすけたまへ」と「たのむ」ことだといいます。まったく主客二元論的、客体的な、「もの」、名詞としての阿弥陀仏に対する心的な態度のことです。このことは、上に見たところの、覚如の「帰属」、「帰託」、「帰す」という発想を、そのまま継承していることは明白です。そしてこの「たすけたまへ」と「たのむ」という表現をめぐっては、すでに上にも見たように、もともとは鎮西浄土宗の一条流の法語で用いられた言葉で、蓮如は、早いころはそれは誤りであると批判しておりましたが、この用語が、ひろく世間に流布するようになったら、また自分も使用することにしたわけで、まことにもって無定見、無節操というほかはありません。

ともあれ、蓮如がこのように、鎮西浄土宗の教義用語を、そっくりそのまま借用して、真宗の信心を語ることからすれば、浄土真宗の信心と鎮西浄土宗の信心の内実は、何ら相違するものではないということで、蓮如における信心には、西山浄土宗と鎮西浄土宗の信心理解が、そのまま重層し混在しているわけで、それがいかに浅薄なものであったかは、充分に想像されるところであり、ましてそのことが、親鸞さまの根本意趣を、遠く逸脱していることはいうまでもないことです。

そしてまた、蓮如は、

南無阿弥陀仏とまうす念仏は、弥陀にはや、たすけられまいらせつる、かたじけなさの弥陀の御恩を、南無阿弥陀仏ととなへて報じまうす念仏なりとこころうべきなり。

ひとたび他力の信心をえたらん人は、みな弥陀如来の御恩のありがたきほどをよくよくおもひはかりて、仏恩報謝のためには、つねに称名念仏を申したてまつるべきものなり。

（『御文章』（『御文』）真聖全三、四一二頁）

などと語り、覚如と同じように、その称名念仏とは、信心以後の仏恩報謝の行業であると主張しておりますが、そのことが証空の一念義の発想にもとづくことは明瞭であり、そのこともまた、親鸞さまの行業論と、大きく齟齬していることはいうまでもありません。

そしてまた、この蓮如における真宗理解をめぐって特筆すべきことは、その門弟にして、自分の意思に背いたものを「御勘気《ごかんき》」といって、破門、追放し、そのような「御勘気」をうけたものは、浄土に往生できないといっていることです。すなわち、

善知識の仰に違ふ事ありて御勘気をかうふる人は、不可往生と云事歴然也。

（『蓮如上人仰条々』『真宗史料集成』二、四九九頁）

と明かすところです。蓮如は、その『御文章』（『御文』）では、

一心に阿弥陀如来後生たすけたまへと、一念にふかくたのみたてまつらんものをば、たとへば十人は十人、百人は百人ながら、みなもらさずたすけたまふべし。

（真聖全三、五一四頁）

といいながら、自分が気に入らぬものを破門にし、浄土往生は不可であると断罪しているところです。しかしまた、蓮如は、その反対に、信心のないものでも、自分に深くかかわり、世話になったものに対しては、浄土往生を保証しているわけです。すなわち、

この春日局《かすがのつぼね》も後生の道を尋申されけるが、心得よくもとどかず侍りければ、痛はしく思食、この局の後生の事は何と成すともすべきなり。愚老が請取《うけとり》申と、常々仰ありけると也。　（『蓮如上人仰条々』『真宗史料集成』二、五〇一頁）

といいます。この春日局とは、室町幕府の八代将軍足利義政の寵妾であり、蓮如も子供や身内のものが、いろいろと世話になったわけですが、彼女は日ごろ蓮如の法話を聞いてもよく領解できないと悩んでおりました。そこで蓮如は、上に述べたように、貴女の後生のことは、私が責任をもって「請取る」、何とかしましょうと、つねづねもうしていたというのです。そしてまた蓮如は、

上人浄西寺の後生は請取ぞと被仰也。されば常の仰にも、春日局と浄西寺との後生を、預るぞと被仰侍りけると也。（『蓮如上人仰条々』『真宗史料集成』二、五〇二頁）

ともいっていたといいます。この浄西寺とは、応仁の乱ののち、室町幕府の実権を握っていた細川政元と昵懇の医者で、日ごろは蓮如の法談の時にはよく参詣しておりましたが、まったく仏法を領解することもなく、つねづね「我は今生の事は伊勢大神宮に憑申す。後

生の事は法印に憑申す」といっていたといいます。蓮如は、この人の後生も「請取る」、「預る」といっております。このように、後生を「請取る」とか「預る」ということは、信心がなくても浄土往生を保証するということでしょうが、蓮如には、どうしてそういうことができるのでしょうか。

蓮如は、日ごろには「弥陀の本願を信ぜずしては、ふつとたすかるといふ事あるべからず」（『御文章』（『御文』）真聖全三、五〇〇頁）と語って、信心のないものは、絶対に往生できないと断言しているところです。しかし、蓮如は、にもかかわらず、特別に昵懇なもの、権力体制に近いものについては、信心がなくても浄土に往生させると保証しているわけです。蓮如は、自分の意思に背くものは往生できないといって断罪し、逆に懇意なもの、世話になったものには、信心がなくても往生できるといって保証しているわけで、ここには蓮如が、真宗信心を私物化し、それによって、門弟、信者を支配し、その生殺与奪の権威をほしいままにふるまっていたことが、よくうかがわれるところで、仏法の立場、親鸞さまの意趣からすれば、絶対に赦されることのない、とんでもない脱線というほかはありません。

蓮如においては、仏法とは、そしてまた真宗信心とは、いったい何であったのでしょうか。あの数々の『御文章』（『御文』）の教言は、いったい何を意味しているのか。このような事実によるかぎり、それらの言葉は、すべて虚言、妄語にして、雲散霧消するほかはないでしょう。まことに愚かなはなしです。もともと蓮如においては、表相と裏面が相反する言動が見られるところであって、蓮如という人物は、そういう表と裏との二重人格の持ち主で、その表相における信心の生きざまは、まったく虚飾に満ちたものでありました。その点、このような人物の言葉を学んで、まことの浄土に往生できるはずはないでしょう。かくして、真宗を学ぶものにとっては、この蓮如については、よくよく思案し、充分に客観的、批判的に捉えることが肝要でしょう。充分に注意してください。

三　親鸞の真宗と本願寺の真宗

かくして、今日における東西本願寺の伝統教学とは、本願寺の創建にあたっては、覚如と存覚によって、その教学の基礎が形成されていきました。そしてその真宗の行業論については、覚如は名号だと捉え、存覚は称名と捉えて父子が対立し、そのことが、東西本願寺の教学に持ちこまれて、かつて近世の伝統教学においては、西本願寺では、主として覚如の名号派を主流とし、東本願寺では、主として存覚の称名派を主流としてきましたが、今日ではその称名念仏行はまったく軽視されているようです。かくして今日の東西本願寺の伝統教学は、もっぱら覚如、そしてまた、それを継承した蓮如の真宗理解が中核をなしているわけですが、その教学とは、すでに上に見たような、親鸞さまによって、外道、邪教といって厳しく批判されたところの、一念義なる西山浄土宗と、多念義なる鎮西浄土宗を、摂取し、模倣して、新しく構築したところの、まったく「もの」、名詞としての、主客二元論的、客体的な真宗教義であって、それは親鸞さまによって、新しく開顕されたところの、「こと」、動詞としての主客一元論的、主体的な浄土真宗とは、まったく異質なもので、それはもはや浄土真宗ではなく、まさしく浄土偽宗であることが、以上の考察によって、充分明らかになったはずであります。

かくして、親鸞さまによって明示された浄土真宗と、東西本願寺が今日まで伝統してきた浄土偽宗とは、明確に相違しております。本願寺の中には、まことの親鸞さまはどこにもいません。私は若いころから、そのことを指摘し、本願寺はすべからく、まことの親鸞さまの浄土真宗に回帰すべきであると、一貫して主張しつづけてきましたが、西本願寺からは、ことごとく異端といって弾劾され、排除されていまに至っております。しかしながら、こんな覚如や蓮如が語るところの外道なる欺瞞の教えを、この混沌とした現代社会に向かって宣伝し、その大衆の精神生活をよく指導しうるのか。現代の大衆は、昔とは相違してもっともっと賢明です。こんな覚如や蓮如の低俗な教えを本気で学ぶと思うてか。大衆を愚弄するにもほどがあるというものです。

東西本願寺が、このまま欺瞞の伝統教学を墨守していくならば、日本の民衆は、いっそう真宗教団から疎遠となり、真宗の教法を学ぶものはいよいよ減少していくことでしょう。そしてその本願寺教団も、すでに日本仏教の各宗派がたどったように、やがては開祖とは無縁なる、日本古来の民俗信仰に転落していくことは、火を見るよりも明瞭でありましょう。そのことはまことに残念ですが、それはひとえに、本願寺教団が何らの自己変革を試みることなく、自らが自らの命脈を断つという、自己責任としてそうなっていくだけで、まさしく自業自得というほかはありません。

そしてまた、いま私が、ここで明らかにした浄土真宗の教義、その仏道とは、すでに上において見たように、二千年の昔、インドにおいて阿弥陀仏の本願の教法、〈無量寿経〉が教説され、その直後に出生した龍樹によって、その本願に教示される聞名の道を、在家者の菩薩道として開顕し、難行道なる見仏の道に対する易行道なる聞名の道として、より詳しくは、称名、聞名、信心の道として教示されたわけです。かくして、ここに浄土真宗の仏道が、在家凡夫の仏道として、明らかに確立されたのです。しかしながら、それは中国に流伝していきましたが、中国では、もっぱら『観無量寿経』が重視されて、この〈無量寿経〉はあまりかえりみられることはありませんでした。したがって中国浄土教では、この『観無量寿経』にもとづいて見仏の道が主張され、道綽浄土教も善導浄土教も、すべて阿弥陀仏とは見るものだと捉えて、もっぱら見仏の道を教説することとなりました。そして、そのような中国浄土教が日本に伝来して、見仏中心の浄土教が蔓延することとなり、法然もまた、平生における三昧見仏と臨終における来迎見仏を教示したところです。

それに対して、すでに上に見たように、親鸞さまの苦労によって、庶民大衆にもっともふさわしい仏道として、この〈無量寿経〉と、龍樹浄土教にもとづくところの聞名の道が、インドにおいて成立して以来、千年にして、ようやくこの日本の地において、再び日の目を見ることとなったわけです。しかしながら、親鸞さま没後、上に見たような、覚如、蓮如のとんでもない誤解、脱線によって、その聞名の道は、再び歴史の中に埋没して今日に至ったわけです。東西本願寺の真宗教学は、近世、近代、現代に至るまで、四百年を超える歴史をもち、その中では、おびただしい教学者が出現したにもかかわらず、誰一人として、このような親鸞さまが開顕されたところの、浄土真宗の仏道としての称名、聞名、信心の道については、まったく注目することはありませんでした。その伝統教学が、いかに怠慢であり、無責任なものであったかが、よくよく知られてくるところです。すでに上において見たように、その『教行証文類』を見るならば、そのことはまさに一目瞭然であって、ことにその「行文類」と「信文類」を、すなおに読むならば、そこには浄土真宗の仏道が、ひとえに称名念仏する道であり、そしてその称名とは、そのまま阿弥陀仏の声として聞かれるべき聞名となり、そしてまた、その聞名が徹底するところ、その称名に即一して、真実信心が開発し、またその信心とは、日日の称名に相即してこそ相続されていくということが、至極明瞭に教説されているところであります。にもかかわらず、四百年におよぶ真宗教学史の中で、どうしてそのことが理解できなかったのか。まことにお粗末きわまる、稚拙な教学であったといわざるをえません。

そこでいま私は、親鸞さま没後七百五十年にして、改めてこの親鸞さまによって開顕されたところの、まことの浄土真宗の仏道なる、称名、聞名、信心の道を再発掘して、ここに明確化し、提示したわけです。そして私は、この親鸞さまの教えこそ、現代世界人類の社会状況に、充分に対応しうる内容をもっており、今日の多くの人人が抱いているさまざまな精神的な苦悩に即応し、それをよく指導し、解決しうるものであると確信しております。問題は、本願寺が徹底して邪魔をするから、この親鸞さまの教え、まことの浄土真宗が世間に弘まらないのです。悪貨は良貨を駆逐するとは、まさしくこういうことをいうのでしょう。

いまここで私が発掘し開顕したところの〈無量寿経〉の教説なる親鸞さまの根本意趣としての称名、聞名、信心の道については、私は若いころから一貫して繰りかえして主張してきたところですが、西本願寺の伝統教学からは、ことごとに異端として弾圧され排除されることによって多くの人人に充分に領解されることにはなりませんでした。かくして私が死没するならば、このような称名、聞名、信心の仏道は、誰一人として顧みるものはいなくなることでしょう。まことに残念です。しかしながら、私は思います。真実というものはいつも孤独なものですが、また真実は決して亡びることなく永遠なるものです。だからこそ、いつか誰かが、またこの親鸞さまの意趣について、気づき発掘し開顕してくれるものがあるでしょう。いまはそのことを期待するばかりです。

（二〇一三年二月二三日、於ロスアンゼルス別院、一般信徒対象講話）

あとがき

浄土教、その阿弥陀仏の思想は、インドの釈迦仏崇拝にもとづいて、その仏の「さとり」、その「いのち」を、象徴表現することによって生成したものといわれます。そしてその象徴表現に際しては、それを姿形、仏身として象徴する方法と、それを名称、仏名として象徴する方法の二種の様式がとられました。

そのもっとも原形の〈無量寿経〉である『大阿弥陀経』によりますと、そこで説かれている仏道としては、それを仏身として象徴する立場からの見仏の道と、それを仏名として象徴する立場からの聞名の道の、二様の仏道が説かれており、その中でも、煩悩迷妄の深い私たち不善作悪の者には、ひとえに聞名の道こそが、もっとも易しく、ふさわしい道であると明かされております。そしてそれを継承したインドの龍樹は、在家者の菩薩道を明かすについて、信方便なる易行道を開顕し、私たちが、その日日において、阿弥陀仏に対して、礼拝、称名、憶念なる身口意の三業を実践していくならば、やがて確かに、その私への呼びかけの「阿弥陀仏の声」を聞く、そういう聞名を体験して仏と出遇い、ついには信心清浄となって、初地、不退転地に住することができると教説いたしました。

かくして、インド浄土教における仏道としては、見仏の道と聞名の道が語られましたが、その聞名の道が主流となっていったわけです。

しかしながら、それが中国に流伝しますと、中国で成立したとも考えられる『観無量寿経』の影響もあって、その仏道は、もっぱら見仏の道を中心に理解されていきました。中国の浄土教である道綽、善導浄土教は、何れも阿弥陀仏についての見仏の道を教説いたしました。そしてまた、そのような浄土教の影響もあって、中国の天台教学では、四種三昧行を語るについて、その中の常行三昧行では、九十日間、もっぱら称名念仏行を修めることにより、阿弥陀仏を見仏体験する行道が生まれてきました。

かくして、このような見仏中心の中国浄土教が、日本に伝承されることとなり、日本仏教では、阿弥陀仏とは見仏の対象として理解され、法然浄土教においても、ひとえに称名念仏を策励することによって、平生に三昧見仏するか、または臨終に際して、来迎見仏する道を教示したところです。そしてまた、比叡山の天台宗では、中国の四種三昧行を継承して、常行三昧行が修められることとなり、その常行堂における実践がすすめられて、親鸞さまも若き日に、そういう観仏行を修めたであろうと思われます。なおこのような常行三昧行は、現代においても修められており、今日の比叡山には、そういう厳しい行を成就された僧侶がいられます。その一人である酒井雄哉師（一九二六〜二〇一三）の話によりますと、そういう行道を修めて、何度も阿弥陀仏を見仏体験したといわれておりました。

しかしながら、比叡山に学んだ親鸞さまは、そういう見仏の道を学びながらも、当時の混乱した時代、社会の中で塗炭の苦しみにあえいでいる多くの民衆のためには、そういう高級な仏道ではなく、もっと万人にふさわしい仏道があるはずだと考えて、さまざまな模索の末に、上に見たところの〈無量寿経〉の教説と、龍樹浄土教の信方便易行道の教示をとおして、新しく聞名の道を発見いたしました。

そこで親鸞さまは、比叡山から下りて、多くの民衆に対して、このような誰でもが、仏に成れるところの、易しい聞名の道を教説することとなったわけです。そしてその主著である『教行証文類』には、その聞名の道が、的確に教示されているところで、それがすなわち、浄土真宗の行道で、称名、聞名、信心の道にほかなりません。ただし、そのような親鸞さまによって開顕されところの聞名の道は、今日の東西本願寺の伝統教学においては、まったく継承されてはいませんが、昭和の妙好人、浅原才市同行（一八五〇〜一九三二）の念仏領解には、その親鸞さまが教示したところの真宗の仏道である、称名、聞名、信心の道が、見事にうかがわれるところであります。すなわち、彼はその日日、ひたすらに称名念仏しつつ、そこにそのまま、阿弥陀仏の呼び声を聞いていったわけで、残された多くの詩歌には、そのことが鮮明にしのばれてくるところです。

かくして、日本の浄土教には、今日に至るまで、高級な見仏の道と、一般の民衆にふさわしい、易行なる聞名の道が、ともに確かに伝承されているわけです。

しかしながら、今日の東西本願寺の伝統教学においては、そういう親鸞さまによって開顕されたところの真宗の仏道、聞名の道については、まったく無知、不明にして、今日に至るまで、誰一人として、そのことを語ったものはおりません。まことにおろかなことです。かつて戦後、浅原才市同行の詩歌がはじめて世間に紹介された時、西本願寺では、彼の信心は禅宗系で異端であるといって、厳しく批判したところです。この聞名の道については、親鸞さまがその主著の『教行証文類』において、あれほどまでに明瞭に教示しているにもかかわらず、その本願寺を創建した覚如とその息男の存覚が、新しく真宗教義を構築するにあたって、親鸞さまの教学の根本意趣を何ら学ぶことなく、親鸞さまによって、それは仏教にあらざる「外道」であるとも批判されたところの、一念義系の西山浄土宗の徒弟となって、その教学を学習し、それを模倣、移入したわけです。

かくして、近世以来、東本願寺の伝統教学では、ことにその存覚の教学を踏襲して真宗における行とは称名であるといいましたが、その称名が、なぜ信心の開発となるのか、まったく教えません。そして西本願寺の伝統教学では、ことに覚如、蓮如の教学を伝統して行とは名号であるといって対立し、その名号を領受、「もらう」ことが信心であるといいましたが、どうしたら、その名号を「もらう」ことができるのかまったく語りません。かくして、伝統教学では、その信については、一念義の西山浄土宗を学んで、「帰属」とか「帰託」などと語り、もっぱら主客二元論的に「帰す」と明かし、さらにはまた蓮如が、同じく親鸞さまによって、「外道」だと批判されたところの多念義なる鎮西浄土宗の教義をまねて、信心とは「助けたまへとたのむ」ことだと語りました。何れも主客二元論的な発想です。

しかしながら、このような「帰す」といい、「たのむ」というような二元論的な信心理解は、仏教の論理ではなく、それはまさしく日本固有の「甘え」の心情にもとづく解釈でしかなく、それはもっぱら他者の善意に依存することであって、そこでは、その信心において明確なる人間変容が生まれ、新しく人格主体が確立されて、まことの自立が成立してくるということは絶えてありません。したがってまた、真宗者におけるたくましい社会的な生き方を教示することはまったく不可能でしょう。東西本願寺の伝統教学が、真宗者の社会的実践について、いまもって覚如、存覚、蓮如が教示したところの、伝統的な真俗二締論を主張しているゆえんであります。

だが、こんな伝統教学をもって、現代の大衆のまことの人生行路、真実の生き方を、充分に説明し、教導できるのでしょうか。もはや東西本願寺における伝統教学には、まことの真宗教義、親鸞さまの根本意趣は存在しないのではありませんか。その点、東西本願寺の伝統教学においては、その覚如、存覚、蓮如らの教学を廃棄して、親鸞さまにおけるまことの真宗教学に立ちかえることが先決でありましょう。

なおまた、私は過去三十数年来、広島市の市民ホールで、毎月一回、親鸞さまについて、二時間ほど講じてきましたが、毎回とも、百名あまりの聴講者が参集されて盛況です。また広島の自坊でも今日まで三十数年来、毎月、親鸞講座を開いてきましたが、いずれも毎回七十名ほどの参聴者があります。私が親鸞さまについて講じると、これほどまでに人人は参聴されるのです。しかしながら、教団の末端の寺院では、あいかわらず蓮如を講じていますが、ほとんど聞く人はいません。本願寺当局はこのことをどう思っているのか。私は若い頃より、教団当局から異端として弾圧され、排除されつづけて今に至っておりますが、大衆が、この私が語る親鸞さまを、何ゆえにかくまでも熱心に聴講されるのか、そしてまた、なぜ末端の寺院での蓮如の教えを聞く人がいないのか、今日の大衆が何を考え、何を求めているのか。教団当局は、まったく分かっていないのではありませんか。本願寺が、このようにまことの親鸞を正しく説くならば、大衆は必ずや多く参聴してくれるはずですが、なぜいまもなおあいかわらず蓮如ばかりを語りつづけるのか。教団当局の無知、無策が思い知られますが、これでは真宗がやがて消滅し、終焉していくことは、火を見るよりも明らかでありましょう。かくして、真宗が滅亡していくのは、本願寺当局が邪魔をするからで、真宗の衰退は、ひとえに本願寺の責任です。京都を遠く離れた末端の私の周辺では、これほどまでに、真宗念仏が盛んなのです。

ことに本書の内容は、昨年の二月に、アメリカの本願寺開教使と信者の皆さんに対してお話ししたもので、その第五章に明かしたところの、「こと」と「もの」の真宗教義ついては、ロスアンゼルス別院において、アメリカの真宗信者の皆さんに対して語ったものですが、終了後に、多くの信者が集まって、今日ははじめてまことの真宗の教えを聞くことができて、たいへんに嬉しかったと、皆さんが涙を流しながら喜んでくださり、大きな感動をいただき、ありがたく思いました。その点、本書も、いずれアメリカで英訳され、出版されることとなりましょうが、このまことの親鸞さまの教え、浄土真宗の教えは、アメリカの大地には、充分に浸透し、伝播していく可能性をもっていると思ったことです。日本では、本願寺教団がいろいろと邪魔をするから、まことの親鸞さまの浄土真宗は伝わりませんが、これからは、まことの真宗は、アメリカの大地でこそ自由に花開くことになるでしょう。まさに仏教東漸ということでしょう。いまはそのことを期待してやみません。

ところで、私もすでに老化現象がいちじるしく、執筆能力もそろそろ限界のようです。今日まで、法藏館の西村七兵衛会長さまと西村明高社長さまには、長い間いろいろとお世話になりました。法藏館さまには、私の若い頃よりいいますと、現在に至るまで、大小あわせて五十冊を超えるほどの多くの出版をしてくださいまして、まことにありがたいことでありました。

そしてまた、編集の和田真雄さま、岩田直子さまにも、ずいぶんとお世話になりました。いろいろな私の著作が、次々と完成したのは、何よりも和田さまと岩田さまの御助力、御支援があったからこそで、改めて満腔の感謝を捧げます。そしていまはただ、私の出版をめぐる順逆の両縁を想起しながら、いずれにしてもありがたいことであったと、心より合掌し念仏するほかはありません。深謝。深謝。

二〇一四年四月八日

信楽峻麿

信楽峻麿（しがらき　たかまろ）
1926年広島県に生まれる。1955年龍谷大学研究科（旧制）を卒業。1958年龍谷大学文学部に奉職。助手、講師、助教授を経て1970年に教授。1989年より1995年まで龍谷大学学長。1995年より2008年まで仏教伝道協会理事長。
現在　龍谷大学名誉教授、文学博士。
著書に『信楽峻麿著作集全10巻』『教行証文類講義全9巻』『真宗学シリーズ全10巻』『真宗の大意』『宗教と現代社会』『仏教の生命観』『念仏者の道』（法藏館）『浄土教における信の研究』『親鸞における信の研究上・下』『真宗教団論』『親鸞の道』（永田文昌堂）『The Buddhist world of Awakening』（Hawaii Buddhist Study Center）その他多数。

真宗の本義
二〇一四年七月一〇日　初版第一刷発行
著　者　信楽峻麿
発行者　西村明高
発行所　株式会社　法藏館
京都市下京区正面通烏丸東入
郵便番号　六〇〇-八一五三
電話　〇七五-三四三-〇〇三〇（編集）
〇七五-三四三-五六五六（営業）
印刷・製本　亜細亜印刷株式会社

ISBN 978-4-8318-8724-5 C 0015